"读原著·学原文·悟原理"丛书

《黑格尔法哲学批判》这样学

孙熙国　张梧 | 主编

朱正平 | 著

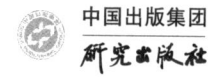

中国出版集团
研究出版社

图书在版编目(CIP)数据

《黑格尔法哲学批判》这样学/朱正平著.――北京：研究出版社，2022.4
ISBN 978-7-5199-1226-0

Ⅰ.①黑… Ⅱ.①朱… Ⅲ.①黑格尔(Hegel, Georg Wilhelm Friedrich 1770–1831) – 法哲学 – 研究 Ⅳ.①B516.35②D903

中国版本图书馆CIP数据核字(2022)第049688号

出 品 人：赵卜慧
出版统筹：张高里　丁　波
责任编辑：朱唯唯
助理编辑：何雨格

《黑格尔法哲学批判》这样学
HEIGEER FAZHEXUE PIPAN ZHEYANGXUE
朱正平　著

研究出版社　出版发行

（100006　北京市东城区灯市口大街100号华腾商务楼）
北京中科印刷有限公司印刷　新华书店经销
2022年4月第1版　2023年1月第3次印刷
开本：787毫米×1092毫米　1/32　印张：3.75
字数：50千字
ISBN 978–7–5199–1226–0　定价：28.00元
电话（010）64217619　64217612（发行部）

版权所有·侵权必究
凡购买本社图书，如有印制质量问题，我社负责调换。

"读原著·学原文·悟原理"丛书编委会

编委会主任：

孙熙国　孙蚌珠　孙代尧　张　梧

编委（以姓氏笔画为序）：

王　蔚　王继华　田　曦　任　远

孙代尧　孙蚌珠　孙熙国　朱　红

朱正平　吴　波　李　洁　何　娟

汪　越　张　梧　张　晶　张　懿

余志利　张艳萍　易佳乐　房静雅

金德楠　侯春兰　姚景谦　梅沙白

曹金龙　韩致宁

编委会主任

孙熙国,北京大学马克思主义学院教授、博导,北京大学习近平新时代中国特色社会主义思想研究院常务副院长,北京大学学位委员会马克思主义理论学科分会主席,国家"万人计划"教学名师,中央马克思主义理论研究和建设工程课题组首席专家,国务院学位委员会马克思主义理论学科评议组成员,教育部马克思主义理论类专业教学指导委员会副主任委员。兼任国际易学联合会会长,中国历史唯物主义学会副会长,北京市高教学会马克思主义原理研究会会长。

在《哲学研究》等刊物发表学术论文百余篇,著有《先秦哲学的意蕴》《马克思主义基本原理前沿问题研究》(第一作者)等;主编高校哲学专业统一使用重点教材《中国哲学史》,主编全国高中生统用教科书《思想政治·生活与哲学》《思想政治·哲学与文化》,获首届全国优秀教材一等奖。主持"马藏早期文献与马克思主义在中国的早期传播""马克思主义基本原理的学科对象与理论体系"等国家哲学社会科学重大项目和重点项目。

孙蚌珠，经济学博士，教授。现任北京大学马克思主义学院党委书记、习近平新时代中国特色社会主义研究院副院长。教育部高等学校思想政治理论课教学指导委员会委员总教指委主任委员、"形势与政策"和"当代世界经济和政治"分指导委员会主任委员。马克思主义研究和建设工程首席专家，国家义务教育教科书"道德与法治"编委会主任，国家统编高中思想政治教材《经济与社会》主编、国家中等职业学校思想政治教材编委会主任。中国政治经济学学会副会长、中国《资本论》研究会副会长。主要从事政治经济学、中国特色社会主义经济理论与实践研究，获得过北京市科学技术进步二等奖，是全国首届百名优秀"两课"教师、全国思想政治理论课影响力标兵人物、北京市高等学校教师名师、国家"万人计划"教学名师、享受国务院政府特殊津贴专家。

孙代尧，北京大学法学学士、硕士和博士。现任北京大学博雅特聘教授、社会科学学部学术委员和马克思主义学院学术委员会主任,《北京大学学报(哲学社会科学版)》主编。曾任马克思主义学院副院长、学位委员会主席、教育部高校思政课教学指导委员会委员。

先后入选国务院政府特殊津贴专家、中宣部全国文化名家暨"四个一批"人才、国家"万人计划"第一批哲学社会科学领军人才;担任中央马克思主义理论研究和建设工程专家、中国科学社会主义学会副会长等。

主要从事马克思主义理论、社会主义历史和理论等领域的教学和研究。担任教育部哲学社会科学研究重大课题攻关项目、国家社科基金重大项目首席专家。科研成果曾获北京市哲学社会科学优秀成果一等奖等多个奖项。

张梧,哲学博士。现为北京大学哲学系助理教授、研究员、博士生导师,中国人学学会秘书长、北京大学中国特色社会主义理论体系研究中心研究员、济宁干部政德学院"尼山学者"。主要研究方向是马克思主义哲学史、社会发展理论等。曾著有《马克思恩格斯〈德意志意识形态〉研究读本》《社会发展的全球审视》等学术专著,在《哲学研究》等核心期刊发表论文30余篇。

代序

马克思主义可以这样学

马克思主义应该怎样学?马克思主义经典著作应该怎样读?北京大学马克思主义学院以博士生的"马克思主义经典著作研读"课为抓手,进行了积极的探索,走出了一条"读原著、学原文、悟原理"的新路子,逐步形成了马克思主义理论专业人才培养的"北大模式"。

北京大学具有学习、研究和传播马克思主义的光荣传统。北京大学是中国马克思主义的发祥地,是中国共产党最早的活动基地,是中国马克思主义理论教育的诞生地。1920年,李大钊在北大开设了"唯物史观""工人的国际运动与社会主义的将来""社会主义与社会运动"等马克思主义理论课程和专题讲座,带领学生阅读马克思主义经典著作,公开讲授和宣传马克思主义。李大钊在北大所做的这些工作,与拉布里奥拉在意大利罗马大学、布哈林在苏俄红色教授学院、河上肇在日本京都帝国大学进行的马克思主义理论教学和研究工作,共同开启了马克思主义理论进入高校课堂的先河。

一百多年过去了,一代代的北大人始终把学习研究和宣传马克思主义作为自己的崇高使命,始终把马克思主义经典著作的学习研读作为教育教学的一项重要内容。2014年5月4日,习近平在北京大学师生座谈会上的讲话中指出,北京大学是新文化运动的中心和五四运动的策源地,是这段光荣历史的见证者。长期以来,北京大学广大师生始终与祖国和人民共命运、与时代和社会同前进,在各条战线上为我国革命、建设、改革事业作出了重要贡献。2018年5月2日,习近平总书记在北京大学考察时指出,北京大学是中国最早传播和研究马克思主义的地方。中国共产党的主要创始人和一些早期著名活动家,正是在北大工作或学习期间开始阅读马克思主义著作、传播马克思主义的,并推动了中国共产党的建立。这是北大的骄傲,也是北大的光荣。由此我们可以看到,北大具有学习研究和传播马克思主义的光荣传统,具有与祖国和人民共命运、与时代和社会同前进的光荣传统,具有爱国、进步、民主、科学的光荣传统。因此，如果要讲北大传统，首先就是马克思主义的传统；如果要讲北大精神，首先就是马克思主义的精神。北大学习研究和传播马克思主义的精神和传统始终与马克思主义经典著作的研读和学习紧紧结合在一起。

2018年5月2日，习近平总书记视察北大马克思主义学院时指出："高校马克思主义学院就是要坚持'马院姓马，在马言马'的鲜明导向和办学原则，为巩固马克思主义在意识形态领域的指导地位，推动马克思主义进校园、进课堂、进学生头脑，发挥应有作用。"在习近平总书记重要讲话精神的指导下，北京大学马克思主义学院逐步确立了以"埋首经典，关注现实"为基本理念、以马克思主义经典文献学习研读为重要内容的马克思主义卓越人才培养的"北大模式"。其中加强和完善"马克思主义经典著作研读"课程，并对研究生、特别是博士研究生进行马克思主义经典著作的中期考核成为北大博士生培养的一个重要环节。

北京大学马克思主义学院的学生究竟怎样学习马克思主义基本原理？怎样阅读马克思主义经典著作呢？

习近平总书记指出："学习理论最有效的办法是

读原著、学原文、悟原理。"要学好马克思主义理论，就必须要读马克思主义经典作家的原著，学马克思主义经典作家的原文，悟马克思主义基本原理。一句话，就是必须要学好马克思主义经典著作。"马克思主义经典著作"这门课一直是我国高校马克思主义学院研究生的核心课程。北大给硕士生开设的马克思主义经典著作课叫"马克思主义经典著作导读"，给博士生开设的马克思主义经典著作课叫"马克思主义经典著作研读"。我负责博士生的"马克思主义经典著作研读"课始自2010年秋季。一开始是我一个人讲，后来孙蚌珠、孙代尧老师加入进来，再后来马克思主义基本原理所、马克思主义发展史所的老师们也陆续加入到了本课程的教学和研究工作中。博士生的"马克思主义经典著作研读"课程的学习时间是一年，学习阅读的文本有30多篇。北大学习研读经典文本的基本方式是在学习某一文本之前，先由学生来做文献综述，通过文献综述把这一文本的文献概况、主要内容、学界争论的焦点问题、学者研究的基本方法和形成的基本范式梳理概括出来。呈现给读者的这套《读原著、学原文、悟原理》丛书，就是北京大学马克思主义学院2016级博士生在"马克思主义经典著作研读"课程学习过程中,在授课老师指导下围绕所学的马克思恩格斯经典文本完成的成果结集。授课教师从2016级博士生的研读成果中精选出了优秀的研究成果,经反复修改完善,以"读原著、学原文、悟原理"作为丛书书名出版。

本丛书收录了从马克思高中毕业撰写的三篇作文到恩格斯晚年撰写的《路德维希·费尔巴哈和德国古典哲学的终结》等代表性著述20余篇。这20篇著作是北京大学马克思主义学院马克思主义理论一级学科各专业和政治经济学、科学社会主义与国际共产主义运动专业博士生必修课"马克思主义经典著作研读"的必学书目。丛书作者对这20余篇著作的研究状况和研究内容的梳理、概括和总结,基本上反映了北大"马克思主义经典著作研读"课程的主要内容,展现了北大马克思主义学院博士生学习研读马克思主义经典著作的基本情况,是北大博士生阅读马克思主义经典文本、学习马克思主义基本原理的一个缩影。在某种意义上说,这些成果体现了北大马克思主义学院博士生学习马克思主义经典著作的基本方式。因此,我们可以自豪地说,马克思主义经典文本可以"这样读",马克思主义基本原理可以"这样学"。

本书对马克思恩格斯每一时期文本的介绍和阐释主要是围绕以下四个方面的内容展开的。一是对马克思恩格斯这一文本的写作、出版和传播等主要情况的介绍和说明,二是对这一文本的主要内容的介绍和提炼,三是对国内外学者关于这一文本研究的基本方法、形成的基本范式和切入点的概括总结,四是对国内外学者在这一文本研究过程中所涉及到的一些具有争议性的问题或焦点问题的梳理和辨析。在每一章的后面,作者又较为详细地列出了该文本研究的主要参考文献,也就是关于每一个文本的代表性研究成果。本书力图从以上四个方面入手,尽可能客观全面地展示国内外学者关于马克思恩格斯这些经典文本的研究状况、研究结论和研究方法,以期对马克思主义学院师生学习、研读马克思主义经典著作提供参考和借鉴。

马克思主义理论是我们做好一切工作的看家本领,也是领导干部必须普遍掌握的工作制胜的看家本领。我们期望这套20本的"读原著、学原文、悟原理"丛书能够在这方面给大家提供一些积极的启示和有益的帮助。

孙熙国
2022.2

目 录 CONTENTS

一、文献写作概况   **001**

二、文献内容概要   **007**

三、研究范式   **026**

四、焦点问题   **035**

一、文献写作概况

1843年3月,马克思退出《莱茵报》,至当年10月赴巴黎之前,半年多时间大部分在克罗茨纳赫度过。这一时期马克思思想发生了新的变化:通过总结、消化《莱茵报》时期的经验,深入地研究历史,他对黑格尔哲学最保守的部分——法哲学——进行了第一次系统批判,现存十印张手稿和五个笔记本。

1858年马克思总结这一时期思想进程时写道:"1842—1843年间,我作为《莱茵报》的主编,第一次遇到要对所谓物质利益发表意见的难事。莱茵省议会关于林木盗窃和地产分析的讨论,当时莱茵省总督冯·沙倍儿先生就摩泽尔农民状况同《莱茵报》展开的官方论战,最后,关于自由贸易和保护关税的辩论,是促使我去研究经济问题的最初动因。……为了解决使我苦恼的疑问,我写的第一部著作是对黑格尔法哲学的批判性分析。"[1]马克思进行批判的内容是黑格尔《法哲学原理》一书第260—313节,黑格尔在这一部分系统论述了他的国家观。黑格尔站在客观唯心主义立场上,把绝对精神的逻辑贯穿到法哲学中,认为国家是伦理理念的现实,是绝对自在自为的理性存在。他从逻辑理念的单一、特殊、普遍三环节的统一,推论出作为君主、行政、立法三者统一的君主立宪制。同时还把家庭和市民社会包含在国家概念的领域之中,国家作为现实的理念,成为家庭和市民社会的前提和目的。黑格尔推崇君主立宪制,但在他理想化的制度中,王权是顶峰和起点,行政权则由担任官职的特殊等级行使,而立法权也以国家制度为前提。立法权包括三个等级,其中贵族等级具有"实体性的巩固地位",而人民"不知道自己需要什么""只是一群无定形的东西"。黑格尔一再强调立法权的中介作用,而最终还是掩饰现实矛盾并为现存制度辩护。

在写作《黑格尔法哲学批判》(本篇简称《批

---

[1] 《马克思恩格斯选集》第2卷,人民出版社2012年版,第1—2页。

判》)的同时,马克思还大量阅读了历史和政治相关著作,摘录形成了被称为《克罗茨纳赫笔记》的九个笔记本,这部笔记是理解《批判》时期马克思思想的重要参考之一,在此进行简要介绍。马克思所摘录的著作作者包括政治学古典作家,如马基雅弗利、孟德斯鸠、卢梭,也有近现代德、法、比利时作家。其内容包括法国、英国、德国、瑞典、波兰、威尼斯共和国和美国的历史,时间从公元前6世纪至19世纪30年代。虽然马克思很少在笔记中加入注解和评论,但是从资料内容和所加的注解和索引中,可以看出马克思是在明确的观点支配下研究和对比不同国家和时期的历史,所摘引的材料也是明确地为理论任务所服务,即"在批判黑格尔法哲学是所反复研讨的主题:国家和市民社会的相互关系、前者从后者异化的历史过程"[1]。全部笔记可按此主题分为三组内容。

第一组是关于所有制,包括它的产生和不同历史发展形式,财产关系与政治关系的联系,财产关系对于国家和整个社会制度的影响。马克思关注政

---

[1] 黄楠森、庄福龄、林利主编:《马克思主义哲学史》第1卷,北京出版社1991年版,第153页。

治史，侧重于摘录政治变化对社会经济和设计法律过程的影响。如马克思从亨利希的《法国史》中摘录了封建社会产生过程、封建财产的不同形式，封建国家及重要机构的形成，以及各种法律和制度。

第二组内容以第四册笔记"等级差别"与第二册笔记条目"贵族""关于特权的产生""特权的融合""市民等级"等为标志，包括研究阶级的产生和阶级特权、等级特权性质，封建等级向资产阶级社会阶级结构过渡等方面的材料。通过对欧洲封建制度的研究，马克思形成了关于封建社会阶级和阶层的认识。从不同著作中摘录了有关中世纪贵族和城市上层的地位与权利的论述，特别是特权的产生及其政治权利根源。在研究封建社会结构发展时，马克思特别注意了英法两国封建社会内新的资本主义制度萌芽的产生。在英国的具体情况中，马克思特别注意到王室为了王国政权的利益而支持城市市民反对大封建主的斗争。如中世纪在市民阶层与骑士阶层之间并不存在固定的分界线，它们是彼此融合在一起的。

第三组内容是国家与法的问题，即立法权与行政权、官僚机构及其产生、官员与国王权力间关系、代议制和人民主权等问题。马克思从法、美、德史中了解到中世纪的等级代表制机构是资产阶级国家代议制的历史先驱。在对议会制度史的摘录中,反映了这些制度的根本缺陷,对代议制研究的历史材料支持了马克思在同时期形成的思想:代议制是在城市与市民阶层的影响日益增长之下,在新兴的资产阶级同王权联盟反对封建主的斗争条件下形成的。它是进一步发展的立宪制,是争取政权或获得统治的资产阶级用以同封建制度相对立的国家形式。因此,它并不是像理想化的代议制理论所宣扬的是人民主权的表现,而是表达资产阶级的政治利益和物质利益。在笔记完成后马克思写给卢格的信中,马克思明确表达了这一思想,即代议制是同封建等级制相对立的资产阶级社会的关系,是以政治方式表现的私有制的统治。[①]

此时马克思还第一次批判了黑格尔的唯心主义,初步形成了"现实"决定"观念"、"事物"决定"逻辑"的唯物主义观点。在国家问题上,马克思摘录了兰克《论法国的复辟》中的一段后,评述黑

[①] 黄楠森、庄福龄、林利主编:《马克思主义哲学史》第1卷,北京出版社1991年版,第153—156页。

格尔"把国家观念的要素变为主词,而把国家存在的旧形式变为宾词,——但是历史现实中情况恰好相反,国家观念始终都是那些[旧]形式的宾词"①。在《批判》一书中,马克思对黑格尔上述观点做了相同批判。在对施密特《法国史》中摘录的大量所有制问题的史料中,马克思十分注意所有制的变化和政治设施之间的关系。此外在考察封建社会变化时,马克思特别注意到"市民阶层的兴起"这个十分重要的问题。在对林加尔特关于《英国史》所做的摘要中,不少关于城市发展和城市经济力量日益增长的资料,使马克思有可能认识到市民阶层的兴起及其争取政治权利的斗争,必然要影响到国家制度和法律关系的发展。在《克罗茨纳赫笔记》中,马克思已经认识到资产阶级纯政治革命的局限性,看清了资产阶级议会借口把主权交给人民,其实不过是把它从王权手中夺走,留在自己手中。他赞同瓦克斯穆特在《革命时代的法国史》中的一句话:"唯一的真正的平等:财产平等。"认识到要实

---

① 《马列著作编译资料》第12辑,中共中央著作编译局1980年版,第36页。转引自孙伯鍨:《探索者道路的探索》,南京大学出版社2002年版,第121页。

现真正的人类平等,必须消灭私有财产,说明马克思已经开始从革命民主主义的立场转向共产主义的立场。①

总体上,在《批判》中,马克思批判了黑格尔在国家和市民社会关系问题上的唯心主义,论证了市民社会决定国家的思想,批判了黑格尔关于政治国家决定市民社会的观点,从方法论上揭露了其唯心主义国家观,即泛逻辑神秘主义,对黑格尔辩证法进行了初步批判。

二、文献内容概要

本部分是依照马克思的写作顺序对文本的简要概述②。在对《批判》正文内容进行概括整理之前,这里首先简要介绍一下马克思所批判的部分与黑格尔整个哲学体系的关系,以及回顾马克思在进入黑格尔法哲学批判之前所面对的现实问题。马克思所批判的主要内容,位于黑格尔《法哲学原理》第三

---

① 孙伯鍨:《探索者道路的探索》,南京大学出版社2002年版,第121—122页。
② 杨学功读本更为详尽,含有版本流传考证和每部分所涉及的黑格尔的观点总结,相关内容请参考:杨学功:《马克思〈黑格尔法哲学批判〉研究读本》,中央编译出版社2017年版。

篇"伦理"的第三章"国家"的"国家法"部分,"国家法"从第 260 节到 360 节,又分为总论、"内部国家制度"与"对外主权"两部分,现存《批判》手稿是对从 261 节到 313 节的内容的摘录和评注。从黑格尔整个哲学体系来看,大致可以看出由逻辑学与"应用逻辑学"两部分组成,逻辑学研究理念自在自为的科学,自然哲学和精神哲学分别是理念外化和扬弃外化返回自身的科学。其中,精神哲学又分为三大部分:主观精神,包括人类学、意识现象学、心理学;客观精神,包含法哲学、法律道德与伦理、历史哲学;绝对精神,包括美学、宗教哲学、哲学。可见,《法哲学原理》是对客观精神这一部分的发挥、发展。

《法哲学原理》出版于 1821 年,时值黑格尔在柏林大学任教的第三年。本书中明确提出了哲学主要是为国家服务的观点,体现了黑格尔最为保守的一面。从根本政治主张来看,黑格尔主张资产阶级与贵族阶级的联合,资产阶级即黑格尔所谓的"人民",并非工人和农民等。① 而穷苦人民、农民的切

---

① [德]黑格尔:《法哲学原理》,范扬、张企泰译,商务印书馆 1961 年版,第 1 页。

身利益问题,恰是马克思在进入对黑格尔批判之前所遇到的"物质利益难题"的主体。这就首先形成了问题域的差异,即二者虽然面对"市民社会—国家"这一共同视域,但是存在着在"人民"这一概念所指上的"视阈差"。

(一)对黑格尔国家法总论的批判

在国家与市民社会和家庭关系上,马克思指出了黑格尔国家规定的二律背反,并由此揭示了被黑格尔颠倒的家庭和市民社会与国家的真实关系。黑格尔认为对于家庭和市民社会来说,"一方面,国家是外在必然性和它们的最高权力,它们的法律和利益都从属并依存于这种权力的本性;但是,另一方面,国家又是它们的内在目的,国家力量在于它的普遍的最终目的和个人的特殊利益的统一,即个人对国家尽多少义务同时也就享有多少权利"①。马克思指出,"外在必然性"即是说当家庭和社会与国家发生冲突时,前者必须依从后者,或者说,国家意志和法律对家庭和社会来说是一种必然性,而这种必然性并不是从经验中来的,而只是某种本

---

① 《马克思恩格斯全集》第3卷,人民出版社2002年版,第7页。

质、理性的规定。在经验中,国家理性又与国家与家庭和社会的具体情况无关,"对于单个人来说,这种分配是通过情况、任意、和本身使命的亲自选择为中介的"①,马克思指出这就是"逻辑的、泛神论的神秘主义"②之所在。从国家的理性来看,只不过是国家按照国家观念而把自己分成家庭和市民社会这两个有限领域,这种观念不是从现实的家庭和市民社会的精神中来的,而是从逻辑学的思辨的思维运动中来的,"观念变成了主体,而家庭和市民社会对国家对现实的关系被理解为观念的内在想象活动。家庭和市民社会都是国家的前提,它们才是真正活动着的;而在思辨的思维中这一切却是颠倒的"③。

批判黑格尔对国家作为机体的规定,进一步揭示其神秘主义。黑格尔把政治国家看作机体,虽然比机械性的理解进步了,但是这种规定却是随处可以套用的抽象。黑格尔由机体概念引出对于自身内部各具体差别的发展,这样一种描述可以用在任何作为机体的事物上,黑格尔对国家及其现存的各种

---

① 《马克思恩格斯全集》第3卷,人民出版社2002年版,第11页。
②③ 《马克思恩格斯全集》第3卷,人民出版社2002年版,第10页。

权利的描述"没有超出'观念'这个一般概念,至多也没有超出'机体'本身这个一般概念"①,也就是说,把现存国家制度通过"机体"概念予以界定和表述,也不过是又为国家制度的现存找到另一个合理化的工具,这种观念与现存国家之间的关系全然是神秘化的,正如在自然哲学中从逻辑学直接过渡到自然界。同时,马克思发现,黑格尔法哲学实际上是逻辑学的展开。"国家的各种规定的实质并不在于这些规定是国家的规定,而在于这些规定在其最抽象的形式中可以被看作逻辑学的形而上学的规定。真正注意的中心不是法哲学,而是逻辑学。哲学的工作不是使思维体现在政治规定中,而是使现存的政治规定消散于抽象的思想。哲学的因素不是事物本身的逻辑,而是逻辑本身的事物。不是用逻辑来论证国家,而是用国家来论证逻辑。"②马克思在这里把"哲学的工作"与黑格尔对逻辑学的"应用"相对,揭示黑格尔的哲学所做的只是论证的工作,得出"整个法哲学只不过是逻辑学的补

---

① 《马克思恩格斯全集》第3卷,人民出版社2002年版,第18页。
② 《马克思恩格斯全集》第3卷,人民出版社2002年版,第22页。

充"①的结论。

(二)对黑格尔王权理论的批判

黑格尔从维护君主立宪制度的保守立场出发,把孟德斯鸠的立法、司法、行政三权鼎立的思想改造为王权(单一)、行政权(特殊)和立法权(普遍)的结合。"如果人们惯于谈论三权即立法权、行政权和司法权的话,那么其中第一种相当于普遍性,第二种相当于特殊性,但司法权不是概念的第三个环节,因为概念固有的单一性是存在于这些领域之外的。"②具体来看,"(一)立法权,即规定和确立普遍物的权利;(二)行政权,即使各个特殊领域和个别事件从属于普遍物的权利;(三)王权,即作为意志最后决断的主观性的权利,它把被区分出来的各种权利集中于统一的个人,因而它就是整体即君主立宪制的顶峰和起点"③。

马克思批判了黑格尔对王权的观念规定与经验事实之间关系的神秘化。一方面,黑格尔规定了王

---

① 《马克思恩格斯全集》第3卷,人民出版社2002年版,第23页。
② [德]黑格尔:《法哲学原理》,范扬、张企泰译,商务印书馆1961年版,第325—326页。
③ [德]黑格尔:《法哲学原理》,范扬、张企泰译,商务印书馆1961年版,第326页。

权本身包含着国家制度和法律的普遍性,这使王权只能以整体性和普遍性为其内容;另一方面,王权以君王为这一环节的现实主体。那么这种来自整体性的规定和对与各种特殊权能之间的协调,是如何完成黑格尔对王权在观念中的设定,就需要做出说明,因为"实体性的、仅仅是内在的因而仅仅是外在的必然性,'各种权力和职能'的偶然交叉,不能冒充为合乎理性的"①。马克思进一步批判了黑格尔把个人的"政治特质"与"社会特质"对立起来的观点,而后者恰恰是实质性的联系,"它们是个人的基本特质的自然行动。之所以会有这些谬论,是因为黑格尔抽象地、孤立地考察国家的各种职能和活动,而把特殊的个体性看作与它们对立的东西;但是他忘记了特殊的个体性是人的个体性,国家的各种职能和活动是人的职能;他忘记了'特殊的人格'的本质不是它的胡子、它的血液、它的抽象的肉体,而是它的社会特质,而国家的职能等只不过是人的社会特质的存在方式和活动方式"②。

黑格尔把现实主体神秘化,由此只能得到一种

---

①② 《马克思恩格斯全集》第3卷,人民出版社2002年版,第29页。

不彻底的二元论的"国家的理想主义"①。黑格尔从主观性和个体性两个方面来论证君主如何成为国家的内在环节。在主观性的规定方面,马克思指出,黑格尔把本来是主体的主体性的规定作为主语,而把主体看作谓语,这样一来,现实主体的具体规定被神秘化了,所谓具体的普遍性也就成了纯观念的存在,"正因为黑格尔不是从实在的存在物出发,而是从谓语,从一般规定出发,而且应该有这种规定的体现者,于是神秘的观念便成了这种体现者。黑格尔没有把普遍东西看作现实有限物的即存在的东西的、被规定的东西的现实本质,或者说,他没有把现实的存在物看作无限物,真正主体,这正是二元论"②。

马克思通过批判二元论的君主辩护说,提出人民主权观。这种二元论中国家的理想主义,在现实中就必然表现为对君主的理想主义化,"黑格尔力图在这里把君主说成是真正的神人,说成是观念的真正化身"③。黑格尔所谓的君主的合理性,不是现实的人,即一国人民的自我实现,反而是抽象概

---

①② 《马克思恩格斯全集》第3卷,人民出版社2002年版,第32页。
③ 《马克思恩格斯全集》第3卷,人民出版社2002年版,第33页。

念的自我实现。由此,马克思提出了他的人民主权观,"如果君王是'现实的国家主权',那么'君王'对外也应当被认为是一个'独立的国家',甚至不要人民也行。但是,如果君王,就其代表人民统一体来说,是主宰,那么他本人只是人民主权的代表、象征。人民主权不是凭借君王产生的,君王倒是凭借人民主权产生的"①。

马克思进一步探讨了民主制与国家的本质规定之间的关系,民主制是真正的普遍性的实现,而不是某种彼岸之物。黑格尔的国家观所体现的积极的东西在于揭示了政治制度与物质的、特殊性的领域之间的外在同一,即二元分裂,"物质国家不是政治国家。这里有的只是外在的同一,即相互规定。在人民生活的各个不同环节中,政治国家即国家制度的形成是最困难的。对其他领域来说,它是作为普遍理性、作为彼岸之物而发展起来的。因此,历史任务就是国家制度的回归,但各个特殊领域并没有意识到:它们的私人本质将随着国家制度或政治国家的彼岸本质的消除而消除,政治国家的彼岸存

---

① 《马克思恩格斯全集》第3卷,人民出版社2002年版,第37页。

在无非是要肯定这些特殊领域自身的异化"①。国家制度的回归也就是人的现实普遍性的实现,即特殊性、单一性的人在现实中体现为只能在黑格尔哲学的观念中所表达的确定的普遍性。

(三)对黑格尔行政权理论的批判

马克思指出,"真正的行政管理是很难阐明的"②,对于行政权,同样要求理论和现实两方面的阐明。在理论方面,理性应当指明行政权如何符合客观性、普遍必然性的规定;在现实方面,理论的彻底性则表现在对如何实现理性的规定给出具体的说明。否则在理论方面,就会落入唯灵论的空论;在现实方面,则会落入粗陋的唯物主义中,这两点恰都在黑格尔的行政权理论中混合着展现了出来,"行政权无非是被他作为官僚政治来阐明的行政机关"③。黑格尔是以同业公会为前提来说明官僚政治的,同业公会被视为市民社会进行自我管理的产物,而同业公会和官僚政治二者,只不过是黑格尔承认前提的存在于国家与市民社会、特殊利益之间的分裂之同一表现,"同业公会是官僚政治的唯

---

① 《马克思恩格斯全集》第3卷,人民出版社2002年版,第42页。
②③ 《马克思恩格斯全集》第3卷,人民出版社2002年版,第57页。

物主义，而官僚政治则是同业公会的唯灵论。同业公会构成市民社会的官僚政治，官僚政治则是国家的同业公会。因此，官僚政治实际上把自己即'国家的市民社会'，与同业公会即'市民社会的国家'对立起来。在'官僚政治'成为一项新原则的地方，在普遍的国家利益开始成为自为地'独立的'因而也是'现实的'利益的地方，官僚政治就反对同业公会，就像任何结果总是反对自己的前提的存在一样。可是，一旦现实的国家生活苏醒，市民社会由于自己固有理性的推动而逐渐摆脱同业公会，官僚政治就要接力复兴同业公会，因为'市民社会的国家'一旦衰落，'国家的市民社会'也就衰落。唯灵论是随着与其对立的唯物主义一起消逝的。一旦新原则不为反对前提的存在而为反对这种存在的原则进行斗争，结果就开始为自己的前提的存在进行斗争。在社会中创立了同业公会的那种精神，在国家中创立了官僚政治"[1]。从这种官僚政治和同业公会的矛盾存在出发，官僚政治实际上取消了自己的独立性，退落为"国家形式主义"，当对自身的

---

[1] 《马克思恩格斯全集》第3卷，人民出版社2002年版，第58页。

独立性需要做出说明时，它就把它的形式冒充为它的内容。在它的外在形式方面，国家是它的目的，官僚政治是形式化的国家；在其内容方面，官僚政治则成为机械的、固化的制度，即例行公事的集合。马克思同时也指出了这种混合着形式上的唯灵论与内容上的粗陋的唯物主义的官僚政治，"只有普遍利益在实际上而不是像在黑格尔那里仅仅在思想上、在抽象中成为特殊利益，才有可能；而这又只有特殊利益在实际上成为普遍利益时才有可能"①。

黑格尔的行政权理论同样是对市民社会和国家同一性的论证。具体来看，第一，区乡组织和同业公会负责人的混合选拔。黑格尔给出了两方面的规定：一方面，他们代表着一特殊领域的私有财产和利益；另一方面，服从于国家的最高利益。因此，选拔就由选举与最高当局批准、任命的混合方式完成。马克思指出，这种混合选拔不过是对私有财产和国家之间的二元对立的妥协。黑格尔还设定了来自国家的"全权代表"进入市民社会中保证普遍利

---

① 《马克思恩格斯全集》第 3 卷，人民出版社 2002 年版，第 62 页。

益的实现，这样，国家与市民社会之间的对立就被固定下来了，而不是消除。第二，黑格尔设定了每个市民都可能成为国家官员。马克思指出，对"可能性"的这种规定，恰恰证明了每个市民本来的领域中不具备这种权利的现实性罢了。个人同官职之间的联系，一是考试，二是君王特权。考试只不过是一种知识性的洗礼，但是人本身就是生活在国家之中，而不是国家之外。而在王权中批判了黑格尔对君主的论证之后，马克思进一步指出君王只不过再一次作为偶然性出现了。第三，市民社会与国家的同一还在于官员的薪俸，即通过薪俸来保证国家经验存在的可靠性。国家的绝对性不得不落在官员身上，而这种同一，却既不能通过等级制度又不能通过监督、教育来得到保证，以上途径只不过最终证明了官僚政治的无能。"在'国家本身的自在自为地存在着的普遍东西'的领域内，我们所看到的只是一些没有解决的冲突。官员的考试和饭碗是最终的合题。"[1]

---

[1] 《马克思恩格斯全集》第3卷，人民出版社2002年版，第68页。

(四)对黑格尔立法权理论的批判

黑格尔对立法权的规定有着双重矛盾。第一,在立法权的合法性层面,黑格尔的先验法哲学在这里导致了直接的冲突。马克思指出,作为法哲学家,黑格尔必定不能允许自己从现存事物出发来论证哲学,因此,立法权是对普遍性事物的绝对组织权,它高于现存国家制度。然而,另一方面,立法权只能是依据国家制度确立的权利,只有在国家制度范围内它有其自身的合法地位,也就是说立法权的合法性来自国家制度。第二,在立法权的实际运作层面,黑格尔指出国家制度通过立法权得到发展与完善,而根据立法权的合法性,国家制度是在立法权之外的,这就是说,立法权实际的行动是与其合法的行动互相矛盾的。由此,马克思批判了黑格尔的扼杀自由意志的实体性观点,"黑格尔处处都想把国家说成自由精神的实现,而事实上他是通过同自由相对立的自然必然性来解决一切棘手的冲突。同样,特殊利益到普遍东西的过渡也不是有意识地通过国家法律来实现的,而是以偶然事件为中介,违反意识而实现的。但是黑格尔却想在国家中处处找到自由意志的实现"①。同时，马克思也承认事物变化的渐进过程，但是对于国家制度，新的制度必定要通过真正的革命，这直接针对着德国的现实：新的制度意味着使人民成为国家的原则。

马克思接着批判了黑格尔所论述的国家作为普遍原则的运行机制，即等级要素的引入。黑格尔认为，等级要素使得普遍事务不仅自在地而且自为地获得实现，其中，普遍意识来源于公众的经验普遍性，并通过等级要素上升为自为存在的普遍事务的现实性。可以看到，黑格尔把官僚政治理想化了，把等级要素这种形式作为自为存在的现实表现。因此，黑格尔想要完成普遍事务的自我实现，就要一方面把市民社会事务的普遍性质之内容设定为自在存在的，同时把等级要素这种形式设定为自为存在的保证，而这种保证却无法同时找到与其形式相对应的另一具有普遍性的内容，所以，当被设定的普遍内容与被设定的普遍形式在同一现存事物，即等级制度中结合起来时，自在之物就成为自为之物。"黑格尔不去寻求'普遍事务的自为存在'的

---

① 《马克思恩格斯全集》第3卷，人民出版社2002年版，第72页。

恰当实现，却满足于找出一个可以融入这种逻辑范畴的经验存在。于是就有了等级要素。"① 马克思深刻地看到，黑格尔这种分离自在与自为、实体与主体的根源在于，自由在黑格尔那里只能是意识的行动，即主观的自由。而客观自由恰是与主观自由相分离的不可转化的对立，"他没有把客观自由看作主观自由的实现，看作主观自由的实际表现。因为黑格尔使自由的假设内容或现实内容有了一种神秘的载体，所以，自由的现实主体在他那里获得形式的意义。使自在和自为相互分离、使实体和主体互相分离，这是抽象的神秘主义"②。那么，黑格尔以国家理性所承认的等级要素究竟为何物呢？黑格尔处处把等级要素规定为中介，既是国家与市民社会之间的中介，也是政府与人民之间的中介。并防止王权与特殊利益走向极端，防止许多单个人表现为群氓。但这种中介体系只是现实中的对立在观念中的消除，而真正地成为等级要素的是私人等级。按照黑格尔的设定，私人等级本身具有政治效能和政治意义，也就是说，市民社会的等级差别直接地成

---

① 《马克思恩格斯全集》第3卷，人民出版社2002年版，第81页。
② 《马克思恩格斯全集》第3卷，人民出版社2002年版，第79页。

为政治差别。无论怎样设定私人等级,始终不能弥合在国家和市民社会之间的分裂,马克思肯定了黑格尔将这种分裂视为一种矛盾,因为这正是现代国家的特征,"黑格尔觉得市民社会和政治社会的分离是一种矛盾,这是他著作中比较深刻的地方。但是,错误在于:他满足于这种解决办法的表面现象,并把这种表面现象当作事情的本质;而他不屑一顾的'所谓的理论'则要求市民等级和政治等级'分离',而且这样要求是有理由的,因为这些理论以此表现现代社会的结果,在这里,政治上的等级要素不外是国家和市民社会的现实关系的实际表现,即它们的分离"①。由这种分离所带来的是体现于立法权中的王权原则、行政权与市民社会的相互之间的对立,马克思再一次重申了黑格尔的错误:"他把现象的矛盾理解为观念中、本质中的统一,而这种矛盾当然有某种更深刻的东西,即本质的矛盾作为自己的本质。例如,在这里立法权自身的矛盾只不过是政治国家的矛盾,因而也就是市民社会同自身的矛盾。"②

---

① 《马克思恩格斯全集》第3卷,人民出版社2002年版,第94页。
② 《马克思恩格斯全集》第3卷,人民出版社2002年版,第114页。

马克思进一步揭示了私人等级背后的私有财产原则与各对立面之间的现实关系。黑格尔需要从各等级中引证出与君王原则相统一的客观性原则，在贵族等级中就表现为对长子继承制的论证，"在市民社会的各等级中有这样一个等级，它所包含的原则本身能够被确立为这样的政治关系，这就是过着自然伦理生活的等级，它以家庭生活为基础，而在生活资料方面则以土地占有为基础。因此，这个等级的特殊性在于具有以自身为基础的意志和君王要素所包含的自然规定，这种意志和自然规定是它同君王要素所共有的"[1]。表面上看，似乎以家庭生活为基础的依据自然伦理生活的农民等级，这一贵族土地占有者等级，拥有天然的合法性，但是其本质上的依据是土地作为私有财产的无依赖性，不依赖于国家、不依赖于行政权、不依赖于社会的世袭地产，这样，黑格尔把地产作为一种特殊财产与市民社会隔离开来。然而，地产只不过是私有财产的一种形式，在长子继承制中获得了他的独立的最高的表现形式，而所谓的无依赖性，恰恰是通过国家制

---

[1] 《马克思恩格斯全集》第3卷，人民出版社2002年版，第117页。

度予以保证的不可让渡性。也就是说，国家制度恰恰是以地产这种不可让渡性为其内容的，"如果'无依赖性的私有财产'在政治国家中，在立法权中具有政治的无依赖性的意义，那么它就是国家的政治无依赖性。这样，'无依赖性的私有财产'或'真正的私有财产'不仅是'国家制度的支柱'，而且还是'国家制度本身'"①。这也正是黑格尔在先前的行政权、王权的论证中就显示出来的自我矛盾，"在任何地方都降到这样一种地步：他不是把'政治国家'描述为社会存在的自在自为地存在着的最高现实，而是赋予它以一种不确定的、与他物有关系的、依赖于他物的现实。黑格尔没有把它描述为其他领域的真正存在，反而说它在其他领域中寻找自己的真正存在。它处处都需要在它之外的各领域的保证。……这算什么崇高的存在？它的存在既需要有在自身之外的保证，又必须是这种保证本身的普遍存在，从而必须是这种保证的真正保证。黑格尔在考察立法权的时候总是处处从哲学观点退到另一种观点，这种观点不从事物与自身的关系来考察

---

① 《马克思恩格斯全集》第3卷，人民出版社2002年版，第133页。

事物"①。随后,马克思考察了黑格尔论述的市民社会参与立法权的具体方式,黑格尔认为全体成员参与国家事务的这种民主要素,只有作为形式的要素才能纳入国家机体,那么这也不过就是说明国家机体是国家形式主义。代议制度正是说明了政治国家与市民社会的分离,因为如果普选能够实现,那么市民社会和政治国家同时得到了扬弃。黑格尔还从市民社会不稳定性上引出议员的必要性,马克思指出这里的双重矛盾:形式上,市民社会的议员只是在形式上被任命,并不是实质地代表着任命他们的团体;物质上,议员被任命为普遍事务的代表,而实际上只能代表特殊事务。黑格尔这种随处可见的前后不一贯使得他所构思的国家不过是"政治信念的客体化"②。

三、研究范式

(一)苏联学者的解读范式

拉宾认为,1843年的马克思已经自觉地转向了唯物主义,这为他之后的研究奠定了哲学世界观的

---

① 《马克思恩格斯全集》第3卷,人民出版社2002年版,第142页。
② 《马克思恩格斯全集》第3卷,人民出版社2002年版,第155页。

基础。而马克思对社会规律还缺乏更准确的认识，尤其是资本主义的发展规律，因而在《批判》中的工作，主要的成果是初步认识到了打开资本主义秘密的入口——私有制及其所导致的异化形式，以及抽象理论领域内对辩证法的研究。可见拉宾从哲学立场上对马克思的唯心主义到唯物主义的转变做了肯定，同时认为这种哲学观的转变对于社会历史的研究影响还较浅。拉宾看到了此时马克思思想的巨大发展，也强调了此时的马克思与成熟的马克思之间的距离。这主要表现在：第一，确立了哲学上的唯物主义立场，但是还没有发展到历史唯物主义，如"私有财产"在当时还尚未研究，更没有谈到私有财产与生产关系的关系；第二，还没有建立自己的范畴体系，对费尔巴哈和黑格尔的范畴有所继承也有所创新，但是总体上含义是模糊的，如"私有财产""社会形态"。[①]

费多谢耶夫同样认为，对费尔巴哈人道主义的唯物主义的研究，以及历史学的研究，加强了马克

---

① [苏]尼·拉宾：《马克思的青年时代》，南京大学外文系俄罗斯语言文学教研室翻译组译，生活·读书·新知三联书店1982年版，第180—189页。

思的唯物主义倾向。但不同的是，费多谢耶夫认为马克思在历史观方面也找到了自己的道路，从革命民主主义开始走向共产主义。①

（二）西方学者的解读范式

科尔纽认为，从关于国家制度的结论来看，马克思虽然已经站在了符合无产阶级利益的阶级立场上，但他对民主制的理解相当含糊，因而所要求的改革，如消灭君主制和等级代议制，以及实行普遍选举制等，在本质上也还与资产阶级民主制所追求的那些改革并无区别，因此得出结论，"马克思在批判黑格尔法哲学的时候还没有达到共产主义，只是达到了激进民主主义"②。科尔纽认为马克思完成共产主义转变，是在其后的《论犹太人问题》，"马克思既已理解到消灭导致普遍异化和人类关系物化的私有财产和金钱统治的必要性，从而就克服了自由民主主义而达到共产主义"③，可见科尔纽认为

---

① ［苏］彼·费多谢耶夫等：《卡尔·马克思》，孙家衡等译，生活·读书·新知三联书店1980年版，第41—42页。
② ［法］奥古斯特·科尔纽：《马克思恩格斯传》第1卷，刘丕坤等译，生活·读书·新知三联书店1963年版，第565页。
③ ［法］奥古斯特·科尔纽：《马克思恩格斯传》第1卷，刘丕坤等译，生活·读书·新知三联书店1963年版，第612页。

《批判》虽然不是停留在理论领域范围内的抽象立场的转变,但也只完成了从较笼统的社会角度出发的哲学立场批判,而没有深入社会内部,发现消灭私有财产的解放道路,在政治立场上是激进民主主义的,还未达到共产主义。

(三)国内学者的解读范式

国内学者大致可分为两派:一派主张过渡论,注重此时马克思成熟思想的萌芽因素;一派是不成熟论,更偏向阐述马克思此时的思想与成熟时期的思想的差距,其中又主要从费尔巴哈的影响问题、经济学理论匮乏问题与市民社会深入程度问题为切入口展开。

1. 过渡论

主张此时期过渡性质的学者以黄楠森先生为代表,认为在这一时期对黑格尔的批判,为不久后马克思实现从唯心主义到唯物主义、革命民主主义到共产主义的思想转变奠定了基础,也为唯物史观的创立铺下了第一块基石。《马克思主义哲学史》一书中写道,马克思对市民社会和国家关系的颠倒,包含着双重意义:一是对现实事物与理念、逻辑概念关系的颠倒;二是对国家和市民社会本身关系的颠倒。前者反映出对黑格尔思辨唯心主义的实质与方法的认识和批判,后者揭露出黑格尔哲学的保守性质,为此马克思深入探究市民社会同国家的对立,指明了这一对立的历史性质、市民社会同国家结合的不同类型,这一研究,成为马克思制定唯物主义历史观的决定性出发点。① 可见,黄楠森先生强调,正是通过这一时期对历史学的研究以及对黑格尔法哲学的批判,唯物史观有了其前期的奠基,这一时期与随后《德法年鉴》时期两篇重要论著存在着递进关系。

更进一步,王东、林锋直接指证了此时的马克思与成熟的马克思之间的思想联系,细致地阐述了在《批判》中奠定的走向新唯物主义的思想基础。他们认为:第一,唯物主义世界观基本形成。马克思批判了黑格尔的思辨唯心主义、泛逻辑神秘主义,在哲学基本问题上实现了和唯心主义的决裂,转向了唯物主义基本立场。第二,具体问题具体分析的哲学方法论的基本形成。马克思认为,黑格尔牵强附会地用抽象的理念及其自我发展来解释政治制度,

---

① 黄楠森、庄福龄、林利主编:《马克思主义哲学史》第1卷,北京出版社1991年版,第159—161页。

不但没有揭示它的特殊本质，反而歪曲了其本质。解释具体事物的基本方法，应是从事物自身的本来面目、客观实际（而不是从外在的理念）出发，具体分析事物的特殊本质，并说明事物自身的运动和发展。第三，"新辩证法"的初步形成，马克思指出矛盾双方的对立既然是真实存在的，那么，就不应调和矛盾或企图消灭矛盾，应承认客观存在的矛盾，并采用具体分析的方法，正确解释这些矛盾，发现其内在根源和必然性，从矛盾特殊性的层次上把握每一个具体的矛盾。第四，经济关系决定上层建筑思想的发源，提出了"家庭和市民社会决定政治国家""政治国家根源于家庭和市民社会"的新思想。第五，对"现实的人"的理解进一步深化。马克思实际上已开始把从事直接社会劳动的等级，即普通劳动者视为人类社会赖以存在和活动的现实基础，接近于提出"劳动人民及其从事的物质生产劳动是社会生活的基础"的思想。第六，从革命民主主义向共产主义的转变奠定了思想前提和理论基础。《批判》虽然肯定了资产阶级革命的历史功绩，但是，它深刻认识到资本主义的历史局限性，初步认识到了劳动人民的社会地位和历史作用，初步认识到了革命在推动历史进步中的作用。①

2.未成熟论

与以上学者相反,一部分学者更注意马克思此阶段思想未成熟的特征,不主张对其进行过度解读。根据学者间不同的切入点及论据,大致分为三种解读路向:

其一,关注费尔巴哈对马克思的影响。如陈先达先生认为,马克思此时还是用异化理论分析社会,费尔巴哈的唯物主义的人本主义动摇了其对黑格尔的客观唯心主义观点。在国家观的批判中,借助于费尔巴哈"感性的人"的主要方法,企图把被黑格尔抽象化的市民社会具体化。马克思使用"人是人的最高本质"这一理论来批判黑格尔,这与其在1845年春提出的对人的本质的看法相比显然是不成熟的,而在这一时期所显示出的重大意义,应该从对黑格尔的超越上来看待。②孙伯鍨援引马克思1843年上半年写给卢格的信:"我们的全部任务

---

① 王东、林锋:《马克思哲学创新的重要铺垫——重新评价〈黑格尔法哲学批判〉的历史地位》,载《新视野》2006年第1期。
② 陈先达:《走向历史的深处:马克思历史观研究》,中国人民大学出版社2016年版,第53—55页。

只能是赋予宗教问题和哲学问题以适合于自觉的人的形态,像费尔巴哈在批判宗教时所做的那样。"①认为此时马克思已经站在费尔巴哈人本主义立场上,且在谈到民主制国家实质时,直接运用了费尔巴哈批判宗教的方法,虽然在一些地方对费尔巴哈有所超越,但整体没有摆脱其框架。②

其二,从经济学理论角度出发。这一解读路向的代表为张一兵。张一兵指出,黑格尔之所以用国家与法来先行地决定市民社会,是因为他要否定被斯密和李嘉图等古典经济学家们所确立的市民社会的自发性以及盲目性,当马克思唯物主义地运用"颠倒法"时,并没有能够更深一层地洞察黑格尔这一用心,由于没有开始全面研究经济学,因此阻碍了马克思对黑格尔在《法哲学》中对古典经济学的批判这一层面的理解。③

其三,从市民社会范畴的内涵的角度出发。如学者李淑珍论证了"市民社会决定国家"的思想提

---

① 《马克思恩格斯全集》第1卷,人民出版社1956年版,第418页。
② 孙伯鍨:《探索者道路的探索》,南京大学出版社2002年版,第123—125页。
③ 张一兵:《回到马克思:经济学语境中的哲学话语》,江苏人民出版社2013年版,第164页。

出的用意，指出与唯物史观基本原理相比较而言，这只能被看作"发端和萌芽"，而不是原理本身。马克思此时反对的主要是黑格尔国家观念的抽象普遍性，要求把抽象的政治生活变成人民的现实生活。①学者段忠桥指出，作为与国家相对立的家庭和市民社会与作为"物质关系生产总和"的市民社会概念并不相同，也认为该思想不能与唯物史观相提并论。②与此不同，学者韩立新和唐正东从其内涵与黑格尔思想的承继关系上做出论证，指出马克思此时还未能完成对黑格尔哲学的全面批判。韩立新指出，马克思接受的是黑格尔来源于古典经济学中的市民社会概念，因此肯定的是黑格尔对国家和市民社会之间的分裂，不满的是黑格尔解决这种分裂与对立的折中主义方法。③唐正东则指出，无论在唯物主义的起点上，还是在对"市民社会"的理解上，马克思都缺乏全面批判黑格尔的理论武器，

---

① 李淑珍：《〈黑格尔法哲学批判〉中"市民社会决定国家"的思想》，载《北京大学学报》1987年第3期。
② 段忠桥：《马克思对历史唯物主义的最初表述是在〈黑格尔法哲学批判〉还是在〈德法年鉴〉》，载《社会科学研究》2008年第3期。
③ 韩立新：《从国家到市民社会：马克思思想的重要转变——以马克思〈黑格尔法哲学批判〉为研究中心》，载《河北学刊》2009年第1期。

因而距离唯物史观还有较远距离。①

四、焦点问题

本部分是学界围绕文本研究的焦点问题。首先，很容易从形式上看到马克思在很多地方批判了黑格尔把真正的主体置于谓语位置，使之从属于先验逻辑的论证，主谓颠倒是费尔巴哈在批判宗教时提出来的，不过是否能据此认为此方法在马克思和费尔巴哈那里意义相同则是需要辨别的。第二，方法论所揭示的原则区别，直接导致结论内涵不同。马克思虽然指出"市民社会决定国家"这一简要结论，从其形式上可以做出很多近似历史唯物主义原理的类比，并不能据此替代这一论断真正所指，而这一论断在何种意义上推动了此时期马克思思想进程是更为关键的问题。第三，在"市民社会决定国家"这一论断的内涵得以阐明之后，则可以推进对此时马克思批判黑格尔国家观中政治思想的理解；最后，以上问题已能够清晰阐明《批判》的基本逻辑，此时则可以反观费尔巴哈哲学究竟在何种意义

---

① 唐正东：《正确评价〈黑格尔法哲学批判〉的思想史地位》，载《河北学刊》2012年第1期。

上与马克思产生关联。以下焦点问题的整理按此展开。

（一）对黑格尔辩证法的初次批判——主谓颠倒法

在马克思展开对黑格尔的批判之前，费尔巴哈的《关于哲学改造的临时纲要》出版，马克思很快在给卢格的信中给出了评价："费尔巴哈的警句只有一点不能使我满意，这就是：他过多地强调自然而过少地强调政治。"[①] 费尔巴哈对黑格尔的批判是直接而明朗的，"我们只要把宾词当做主词，将主体当做客体和原则，就是说，只要将思辨哲学颠倒过来，就能得到毫无掩饰的、纯粹的、明显的真理"[②]，费尔巴哈的核心思想是用人的精神的异化来揭露神学和思辨哲学，指出它们的根本特点是歪曲了主词（人、存在）与宾词（思维、属性）的相互关系，致力于把异化归结为它的现实基础：人和人

---

① 《马克思恩格斯全集》第27卷，人民出版社1972年版，第442—443页。
② 《费尔巴哈哲学著作选集》上册，商务印书馆1984年版，第102页。转引自黄楠森、庄福龄、林利主编：《马克思主义哲学史》第1卷，北京出版社1991年版，第148页。

类。① 这也就是"主谓颠倒法"称谓的由来。马克思对费尔巴哈这一"唯物主义的旗帜"表示肯定，并邀请费尔巴哈继续在政治上给予黑格尔以及时下的黑格尔学派以痛击（虽然并没有得到任何结果）。同时，可以在《批判》中看到许多与费尔巴哈著作中许多相似的句子，如"神秘的实体变成了现实的主体，而实在的主体则变成了某种其他的东西，成了神秘的实体的一个环节。正因为黑格尔不是从实在的对象出发，而是从谓语、从一般的规定出发，于是神秘的理念便成了这类体现者"②等，这也使得对马克思在批判黑格尔过程中所呈现出来的"主谓颠倒法"的讨论不可避免地牵涉到与费尔巴哈哲学的关系问题。

拉宾认为，马克思正是通过"主谓颠倒法"发现了黑格尔唯心主义方法的弊病，即按照在抽象的逻辑领域中完成了自己的思维来构造对象，同时这使得马克思"不自觉地"达到了唯物主义的立场，发现了唯心主义必然导致宗教的结论，并进一步分

---

① 黄楠森、庄福龄、林利主编.《马克思主义哲学史》第1卷，北京出版社1991年版，第150页。
② 《马克思恩格斯全集》第1卷，人民出版社1956年版，第273页。

析普鲁士这样一个历史事实如何变成了绝对理念的一个环节,从而指出了黑格尔的唯心主义哲学与其保守的政治结论之间的关系。①可见,拉宾把方法论上的唯物主义运用视为整个《批判》的突破口,认为由此推进了马克思对黑格尔从唯心主义哲学到保守的政治结论的批判。

黄楠森先生在《马克思主义哲学史》中的判断与此相类似,认为费尔巴哈在批判宗教以及思辨哲学时所使用的方法很大程度上给予马克思以批判的工具,"它为马克思批判黑格尔唯心主义的国家观提供了借鉴,对整个黑格尔哲学的改造,也是从重新颠倒主客体关系入手的"②。马克思在对黑格尔法哲学的批判中,也受到费尔巴哈关于人的本质异化命题的影响。异化是黑格尔哲学的范畴,当费尔巴哈用人的异化批判宗教时,就包含有对绝对精神异化的颠倒。费尔巴哈用异化来直接说明社会问题,马克思则用"异化"来批判现实的政治和国家。他

---

① [苏]彼·费多谢耶夫等:《卡尔·马克思》,孙家衡等译,三联书店1980年版,第41—42页。
② 黄楠森、庄福龄、林利主编:《马克思主义哲学史》第1卷,北京出版社1991年版,第149—150页。

认为，政治制度到现在为止一直是宗教的领域，是人民生活的宗教，政治生活就是人民生活的经院哲学。君主制是这种异化的完整表现，共和制则是这种异化在它自己的领域内的否定。马克思则深入构成宗教的社会基础方面，借鉴费尔巴哈对宗教批判的唯物主义方法，对现实政治国家做批判性分析，这一批判的结果，回答了费尔巴哈所不能回答的问题，即人们是如何把宗教幻想塞进头脑中的，从而远远超出人本学唯物主义的范畴。①

学者张一兵在《马克思历史辩证法的主体向度》一书中指出，马克思以费尔巴哈的唯物主义为武器，批判黑格尔颠倒了精神与物质、国家与市民社会的关系问题，他触及了黑格尔的历史观领域，开始建构自己的历史视角，并得出结论："理念变成了独立的主体，而家庭和市民社会对国家的现实关系变成了理念所具有的想象的内部活动。实际上，家庭和市民社会是国家的前提，它们才是真正的活动者；而思辨的思维却把这一切头足倒置。"②强调通过"主

---

① 黄楠森、庄福龄、林利主编：《马克思主义哲学史》第1卷，北京出版社1991年版，第140—152页。
② 《马克思恩格斯全集》第1卷，人民出版社1956年版，第250—251页。

谓颠倒法",马克思找到了自己在社会历史领域中的落脚点,或者说是出发点,即基于物质条件的市民社会,并进一步探求社会生活的真正现实性。①

学者唐正东深入费尔巴哈哲学内部,研究了同一方法对费尔巴哈和马克思的不同意义。可以说在理论武器上,马克思尚未形成自己独特的哲学方法论,还只是借鉴了费尔巴哈直观唯物主义的方法。费尔巴哈通过直观唯物主义的方法论所要达到的目的:摆脱思辨哲学及一切成见的束缚,实现精神的真正自由。而马克思此时的理论目的是要推翻旧世界并建立新世界,二者明显存在不一致的地方。因此,马克思在借鉴费尔巴哈的哲学方法论时,理应注意到这种不同。但客观地说,他没有做到这一点。因此,当马克思把黑格尔法哲学中的主宾关系颠倒过来时,他只是从客观事实性的层面论证了家庭和市民社会对国家的现实的关系。而马克思对市民社会与国家的理解,还没有达到黑格尔的水平。②

---

① 张一兵:《马克思历史辩证法的主体向度》,武汉大学出版社2010年版,第42页。
② 唐正东:《正确评价马克思〈黑格尔法哲学批判〉的思想史地位》,载《河北学刊》2012年第1期。

学者周嘉昕指出，马克思运用费尔巴哈的"主谓颠倒法"得到的直接结果是"市民社会决定国家"，但是他并不满足于这一结论，他要进一步地探求费尔巴哈所说的真实存在的主体究竟是什么，即用以替代黑格尔的观念主体的东西。而这一问题的解决是在《1844年经济学哲学手稿》中所界定出的"自由自觉的活动"，一种感性对象性的"活动"。[①] 也就是说，在《批判》中，"主谓颠倒"的运用使得马克思达到了一个最初结论，从结论来看他把费尔巴哈抛在身后，打开了通向历史唯物主义最初的大门。

可见学者大多认为，借助费尔巴哈的"主谓颠倒法"，或者说受其启示，马克思初步完成了唯心主义向唯物主义立场的转变，也有学者认为马克思不仅完成了上述转变，而且更重要的意义在于推开了走向新历史观的大门。与此视角不同，另一部分学者更关注马克思与费尔巴哈的不同之处。

学者麦克莱伦认为费尔巴哈提供给了马克思得以颠倒黑格尔思辨哲学的方法，二者的共同点就在

---

① 周嘉昕：《国家、私有财产和主谓颠倒》，载《江苏社会科学》2016年第3期。

于"都宣称黑格尔颠倒了主词和宾词的正当关系",二者的区别在于所属领域不同,也即费尔巴哈缺乏马克思的社会历史视域。①

学者任远指出马克思不仅通过费尔巴哈的"主谓颠倒法"实现了对黑格尔的法哲学的批判,而且促使马克思进一步地揭露了市民社会与国家相分裂的根源在于经济领域的市民社会本身。在发现市民社会的秘密的过程中,也就显示出了马克思与费尔巴哈的区别。马克思超越了费尔巴哈抽象意义上的"人",而开始建构具有社会特质的人的学说。因此,同样面对黑格尔,费尔巴哈不满意黑格尔学说的抽象性,马克思更不满黑格尔对待抽象对象内部矛盾的妥协性。黑格尔希望以中世纪的方式,停留于政治生活与市民生活的直接的统一,而马克思则把握的是当下的时代特征。②可见作者注重马克思站在现代社会的历史坐标中对黑格尔这种弥合矛盾的实证主义倾向的批判,从而费尔巴哈的"主谓颠倒法"

---

① [英]麦克莱伦:《马克思传》,王珍译,中国人民大学出版社2006年版,第75页。
② 任远:《费尔巴哈"主谓颠倒法"对马克思批判黑格尔的意义》,载《烟台大学学报》(哲学社会科学版)2016年第5期。

在马克思这里,就不是达到一种抽象的理论学说,而是直接指认了现实生活本身的"颠倒"性质。

与学界大多从哲学立场、政治立场的转变来探究不同,徐长福从语义学角度的研究另辟蹊径。他认为,主谓辩证法则是马克思辩证法的方法体系的基础,更是整个马克思哲学的逻辑基础。文章侧重从主词与谓词的语义学角度,论证马克思对西方哲学逻辑学传统经由费尔巴哈枢纽作用之后的继续深化。在黑格尔那里,将西方哲学史上谓词的重要性发挥到了极致,所有个体都是谓词意义的体现,谓词的外延越大则越具有实在性,而费尔巴哈发现了黑格尔这一主谓换位的诀窍,力图再次颠倒,从而恢复主谓的自然秩序,马克思沿着费尔巴哈开辟的这一道路继续深化了下去,其主要意义在于"主词有限的句法学原则以及对象优先的语义学原则",最先的成果就是《黑格尔法哲学批判》。马克思通过对外延原则和基体原则的重建,恢复了本体论中对个体优先于类、基体优先于属性的意义的确认。① 该文的论证是从语义学角度,力图从西方哲

---

① 徐长福:《主词与谓词的辩证——马克思哲学的逻辑基础探索》,载《哲学研究》2017年第5期。

学发展中的语言转向来解读马克思革命辩证法的深刻意义，开辟了或者说力图恢复学界在这一领域的研究短板，提供了一条有力的治思路径。同时，文章更多的是梳理马克思主义哲学发展史中主谓颠倒的层进历程。徐长福在另一篇文章中提到，马克思的"主谓颠倒法"之蔽在于，与唯心主义一样，在颠倒了主谓之后，仍然要解决的问题是其所指认的现实的对象仍然要转换成可被谈论的符号才具有意义，在这个意义上，唯物主义与唯心主义具有同样的抽象性，因此如果马克思声称自己的理论反映了唯一真实的客观世界，则还需进一步论证。而就认识论意义而言，这种颠倒的意义更为重要，马克思之后对政治经济学的研究则说明了这一点。① 可见，语言转向的研究角度具有极强的解释力，但是对于马克思究竟如何进入了这种语言的转向，对于这种嬗变的历史原因，以及对马克思主义哲学的辩证法的推进与构建意义等问题的解答还有待展开。

综上可见，对马克思的"主谓颠倒法"的研究集中在两个问题上：一是从结论上来看，即达到了

---

① 徐长福：《马克思哲学中的"主谓颠倒"问题》，载《马克思主义与现实》2009年第3期。

初步的"市民社会决定国家"的结论,引领他进一步展开对市民社会的经济视阈的研究;二是从与费尔巴哈的区别上来看,即费尔巴哈停留在宗教领域内,从抽象的自然存在理解人的本质。而马克思走向了政治生活领域,以及历史研究领域,批判了黑格尔的国家观,并开始探求市民社会中的作为主体的具体的人。这两个问题较全面地描绘了马克思与"主谓颠倒法"的表层关系。但是,同样的"主谓颠倒法",为什么马克思能够实现在社会历史领域的进一步推进,而费尔巴哈没有呢?马克思与费尔巴哈在这一方法论上的区别仅仅是研究或者运用领域的不同吗?

对于马克思与费尔巴哈的区别问题,首先是二者的领域不同,准确地说是在"主谓颠倒法"的成果上,费尔巴哈集中于宗教与哲学的领域,马克思则从政治生活逐步切入社会历史领域。为什么说准确地应该是成果方面的区别呢?因为费尔巴哈并不是没有涉足政治领域,他曾"把对宗教的批判推广到世俗的政治批判上,认为只有废除政治异化,废除君主制,异化的扬弃才能完成。为此,费尔巴哈倡导创立一种新的哲学"①。可见，当费尔巴哈面对他所力图恢复的社会现实的时候，他的结论却是以一种新哲学代替旧哲学。这就导向了与马克思的第二点不同：在费尔巴哈那里，主谓颠倒还停留在形式层面，而在马克思这里，却作为重新建构历史内在规律性的批判工具。马克思不仅仅要指出被遮蔽的主体，即现实世界，还要对这种现实世界究竟如何产生了反过来要生成自己"逻辑主体"的原因一探究竟。因此在《批判》中，马克思从推出观念主体、国家理念主体的每一个建构的环节出发，发现了黑格尔体系的神秘性，以及神秘性之所在：在每一个经验的存在面前都通过神秘的手法找寻其在理念中的合理性，同时，这种合理性也来自纯逻辑的推论。因此，费尔巴哈从黑格尔的结论出发，马克思则从黑格尔体系内部出发。

上述区别的第二点，又直接引致了二者从黑格尔体系出发的道路的重大分野。费尔巴哈满足于新的结论，因为在他的哲学中，问题的提问方式仍旧是形式逻辑层面的，把感性与一切非感性直观所能

---

① 黄楠森、庄福龄、林利主编：《马克思主义哲学史》第1卷，北京出版社1991年版，第147页。

把握之物对立起来。因此他只能死死抓住感性的确定性不放，也就由此构成他整个哲学的出发点：感性决定一切。费尔巴哈就是这样直接地批判了黑格尔的庞大精神体系。而当马克思借用其方法时，出发点远不止于所谓的"感性"。或者说，在马克思这里，"感性"所包含的内容已经深入市民社会和等级结构的探寻中了。因而马克思不可能在同一意义上使用费尔巴哈的"主谓颠倒法"，而只是在形式上体现为主谓颠倒的结论。马克思深入一种更为本质的对立关系中，比费尔巴哈所直观到的表面的对立更深刻的是某种现存社会结构中的内在的依赖和共存关系（这是黑格尔和马克思得以对话而费尔巴哈难以企及之处），是黑格尔的泛逻辑神秘主义背后所隐藏着的联系。因此，当诘难费尔巴哈为什么不能在社会领域往前迈出一步的时候，就要回到费尔巴哈哲学视域中观察市民社会与国家，于是，情形变成这样，即这一领域对于费尔巴哈来说是"无"。也就是说，市民社会、人、宗教、国家，对于他来说至多能达到的是"感性的直观"，是孤立的且无从深入每一对象内部、对象之间相互关系的直观对象，因此对这些对象之间的认识也至多达到表面的、思辨的联系。在马克思这里，活生生的起居交往着的人（市民社会）、人们的信仰（宗教）、不同的等级之间的冲突（国家政体）是相互联系着的有机体。虽然在《批判》时期，马克思还没能深入这种感性的联系之中，还未明确地指认这种联系，但是在他深入黑格尔体系的殿堂内部时，他从一开始便从这些不同的社会领域的对立中找寻着真正的矛盾关系，在矛盾关系中寻找解决对立的途径。

（二）市民社会决定国家

马克思对黑格尔法哲学的批判，得到的最直接的结论即"市民社会决定国家"。在黑格尔法哲学中，国家自我分裂为家庭和市民社会这两个有限性的领域，对于有限性的领域而言，"对私法和私人福利，即对家庭和市民社会这两个领域来说，国家是外在必然性和它们的最高权力，它们的法律和利益都从属并依存于这种权力的本性；另一方面，国家又是它们的内在目的，国家的力量在于它的普遍的最终目的和个人的特殊利益的统一"[①]，也就是说，

[①]《马克思恩格斯全集》第3卷，人民出版社2002年版，第7页。

国家规定着家庭和市民社会，是他们的现实性以及最高目的。马克思在《批判》中用摘录以及评论的方式，逐步分析了黑格尔体系自身的二律背反，以及论证中的逻辑泛神论的神秘主义，指出"国家是从作为家庭的成员和市民社会的成员而存在的这种群体中产生的。思辨的思维把这一事实说成是观念活动，没有把它说成是群体的观念，而说成是同事实本身有区别的主观的观念活动"[①]。得出结论：不是国家决定市民社会，而是市民社会产生国家。很多学者据此判别马克思与历史唯物主义的距离有多远，这也关涉到对此时马克思是唯物主义还是唯心主义哲学立场的判断。

首先需要澄清的问题是此时马克思对市民社会概念做何解。学者段忠桥把此时的"市民社会"内涵与"经济基础"做了比较，指出这不是对唯物史观的最初表述。马克思在1859年《〈政治经济学批判〉序言》中，对创立唯物史观所获得的最初成果做了阐述，其核心是"物质生活的生产方式制约着整个社会生活、政治生活和精神生活的过程"，进

---

① 《马克思恩格斯全集》第3卷，人民出版社2002年版，第12页。

而考察《批判》中的几处论述①,指出:第一,论述中研究对象是家庭和市民社会与国家的关系,而不是"市民社会,即物质关系总和,与国家还有法律"的关系;第二,家庭显然不属于"物质生活关系总和"。因此,马克思此时还把不属于"物质关系的总和"的家庭视为国家的前提,故不能认为这就是唯物史观最初表述。而在《〈黑格尔法哲学批判〉导言》以及《论犹太人问题》中几处论述所表达的思想中②,不仅包含了"市民社会决定国家"的意义内涵,重要的是,此时"市民社会"一词已经

---

① 这"几处论述"分别是:1.观念变成了主体,而家庭和市民社会对国家的现实的关系被理解为观念的内在想象活动,家庭和市民社会都是国家的前提。它们才是真正活动着的,而在思辨的思维中这一切却是颠倒的。2.家庭和市民社会使自身成为国家,它们是现实的动力。可是黑格尔看来又相反,它们是由现实的观念产生的。3.政治国家没有家庭的自然基础和市民社会的人为基础就不可能存在。它们对国家来说是必要条件。但是,制约者被设定为受制约者,规定者被设定为被规定者,生产者被设定为其产品的产品。

② "几处……思想"为:彻底的革命需要物质基础;把资产阶级视为市民社会中的阶级,把资产阶级革命视为这个阶级从自己在市民社会中的特殊地位出发进行的革命;"实际需要"与"利己主义"是市民社会的原则,只要市民社会完全从自身产生出政治国家,这个原则就赤裸裸地展现出来了;"完成了的政治国家,就其本质来说,是人的同自己物质生活相对立的类生活……政治国家与市民社会也处于同样的对立之中"。

具有了"物质生活关系的总和"的含义,因此正是马克思之前所说唯物史观研究的"最初成果"。[①]杨学功指出,在马克思1846年给安年柯夫的信、恩格斯《费尔巴哈论》等晚近的论述中,可以得出结论:市民社会是在历史上(在社会的该发展阶段上)一定的人们之间的物质关系的总和,是一定的社会组织、社会制度、社会的阶级结构、经济结构,是历史上一定的经济关系,因而是生产关系的总和。市民社会合集是由生产力的发展决定的,而它又决定国家和法,表现为决定政治的上层建筑和其他意识形态的上层建筑的基础。在后期著作中,"市民社会"这个概念同经济基础的概念基本上是等值的,因为马克思在《〈政治经济学批判〉序言》中给经济基础(或"经济结构")所下的定义就是"生产关系的总和"。但是,我们不能把后期著作中的思想与早期著作简单等同看待,否则就会人为拔高早期著作中思想的地位。把《批判》中"市民社会决定国家"的观点同"经济基础决定上层建筑"

---

① 段忠桥:《马克思对历史唯物主义的最初表述是在〈黑格尔法哲学批判〉还是在〈德法年鉴〉》,载《社会科学研究》2008年第3期。

的观点等同起来就属于此情形。①

学者李淑珍在《〈黑格尔法哲学批判〉中"市民社会决定国家"的思想》一文中,论述了"市民社会决定国家"的思想提出的用意,指出与唯物史观基本原理相比较而言,这只能被看作"发端和萌芽",而不是原理本身。该文主要从这一思想所批判的对象的角度出发,指出马克思并不反对国家是普遍利益领域、理性是国家本质,他所反对的仅仅是用绝对理念论证的黑格尔的"国家",以及现实资产阶级国家所具有的脱离家庭和市民社会成员的抽象普遍性。马克思肯定了黑格尔对政治国家和市民社会之间矛盾对立的揭示,并进一步要求把抽象的政治生活变为人民的现实生活,要求人民的理性国家。②

学者孙伯鍨的结论与之相似,认为"市民社会决定国家"这一结论无疑推进了马克思思想的进一步发展,但据此认为这就是历史唯物主义的基本命题则是不妥当的。其论证依据与李淑珍有所不同。

---

① 杨学功:《马克思〈黑格尔法哲学批判〉研究读本》,中央编译出版社2017年版,第220页。
② 李淑珍:《〈黑格尔法哲学批判〉中"市民社会决定国家"的思想》,载《北京大学学报》1987年第3期。

首先,马克思在这部手稿中的主要批判对象是黑格尔的逻辑泛神论的神秘主义,而不是其唯心主义历史观,在黑格尔那里理念是抽象的逻辑范畴,是脱离了人和人类的抽象思维,把这种抽象的逻辑范畴当作独立主体,是一种哲学神秘主义。因此,马克思指责黑格尔法哲学集神秘主义之大成。而家庭和市民社会之所以被认为是国家的基础,是因为构成家庭和市民社会的成员是个人和群体,国家就是从这种群体产生出来的。这样看来,历史观上的推进只是一个"副产品"。其次,马克思虽然强调人的社会特质,但是从根本观点上来看,仍然不是从现实的社会关系的观点来考察人,而是从"真正的人"来寻求社会关系的解答。马克思对市民社会的理解在于把它看作"人的本质的实现"或"人的本质的客体化",因此说市民社会决定国家也就意味着国家是由人的本质所决定的。马克思批评黑格尔"不去表明国家是人格的最高现实,是人的最高的社会现实,反而把单一的经验的人、经验的人格推崇为国家的最高现实"[1],这里所说的单一的经验的

---

[1] 《马克思恩格斯全集》第1卷,人民出版社1956年版,第292页。

人和人格即指君主和贵族等级。同时，马克思运用费尔巴哈的批判宗教的方法来建构民主制，即民主制是"从人出发，把国家变成客体化的人。正如同不是宗教创造人而是人创造宗教一样，不是国家制度创造人民，而是人民创造国家制度"[1]。因此，无论从马克思批判民主制的方法还是论证市民社会的出发点来看，他都是从费尔巴哈的唯物主义出发的，还远不及历史唯物主义的高度。[2]

学者张一兵则认为，此时马克思不仅没有达到历史唯物主义的高度，其在历史观上仍然是唯心主义的。费尔巴哈恢复人类主体的观点之所以深刻影响了马克思，是因为人本主义逻辑与马克思理论深处对人类主体地位的关注相合，于是，马克思此时对历史的观察又产生了从人出发的理论线索，在批判黑格尔唯心主义历史观的共时性视角中，马克思坚持了从"市民社会"出发的唯物主义的现实逻辑，这是后来历史观变革的最初逻辑生长点；而他站在带有费尔巴哈人本主义色彩的历时性视角里，

---

[1] 《马克思恩格斯全集》第1卷，人民出版社1956年版，第281页。
[2] 孙伯鍨：《探索者道路的探索》，南京大学出版社2002年版，第125页。

又产生了从"人"出发的异化史观。虽然马克思关注资本主义社会中劳动者的命运,但是此时马克思的主要哲学批判武器是费尔巴哈式的人学异化逻辑,其实质仍然是唯心主义的。究其原因,是马克思不能从资本主义历史的实际状况中得出他所需要的革命依据,从而不可能从社会的经济现实去观察人的发展,而是以抽象的"人",实际是"市民社会中的个人",为批判的逻辑起点,也就是以先验的人性而不是社会历史运动的客观必然性为哲学基点。[①] 而这种哲学基点只不过以"人"代替了自我意识,以非人的现实对人的本质的实现要求代替了自我意识的要求。同时,在对"人"的理解上,马克思用社会的人超越了费尔巴哈自然意义上的人。马克思已经看到现实社会是颠倒的社会,并指出了"人在本质上的二重化",即政治生活与现实生活的分裂,他主张比政治解放更加彻底的"人类解放"。[②] 这都说明马克思此时虽然具有开始从具体的

---

① 张一兵:《"市民社会"与"人":一个共时性与历史性向度中的逻辑悖结——读马克思〈黑格尔法哲学批判〉》,载《江汉论坛》1994年第5期。
② 张一兵:《马克思历史辩证法的主体向度》,武汉大学出版社2010年版,第43—45页。

家庭、财产等社会关系考察人的本质的思想因素，但是主要的是从异化逻辑去理解市民社会中的人，其内在理路甚至更近似于青年黑格尔派。

学者陈先达也认为马克思吸收了费尔巴哈在《基督教的本质》中的异化理论，当他在分析市民社会与国家的关系的时候，更注重异化的方面，即国家从市民社会之中的脱离。他结合对历史资料的分析，指出了从封建社会到中世纪以来，国家从与市民社会相统一，到市民社会的原则不再是国家的原则。中世纪的政治等级变成了社会等级，直至法国大革命彻底完成了这一转变，社会等级不再具有政治意义，变成独立存在的社会差别。进一步，马克思论证了市民社会中人的二重化。在经过了对历史过程的初步分析之后，马克思提出"人的实物本质"是人的真正现实的观点，虽然还没有清晰地指出这种本质其实是经济活动，但是开启了探讨人的本质的新方向。[①] 学者陈先达与张一兵的不同在于，陈先达认为马克思虽然是以异化理论为工具，而更重要的是经过了历史资料的收集与考察，从对

---

① 陈先达：《走向历史的深处：马克思历史观研究》，中国人民大学出版社2016年版，第60—63页。

历史演进的分析得到了人的二重化的历史过程，从而这种二重化就是市民社会与政治国家相分裂的原因。而张一兵认为马克思是从人的本质二重化的哲学视角，即从人的本质出发，承认黑格尔所强调的市民社会与国家的分离并以此为前提展开进一步论证的。

学者唐正东认为马克思当时并没有达到黑格尔对市民社会与国家的深刻理解。黑格尔事实上已经把"市民社会"理解为一个当代的概念，即已经从英国式市民社会的层面来把握这一概念的内涵，"市民社会是在现代世界中形成的，现代世界第一次使理念的一切规定各得其所……在市民社会中，每个人都以自身为目的，其他一切在他看来都是虚无。但是，如果他不同别人发生关系，他就不能达到他的全部目的，因此，其他人便成为特殊的人达到目的的手段。但是特殊目的通过同他人的关系就取得了普遍性的形式，并且在满足他们福利的同时，满足自己"①。而在马克思视野中的市民社会，

---

① [德]黑格尔:《法哲学原理》，范扬、张企泰译，商务印书馆1961年版，第197页。转引自唐正东:《正确评价〈黑格尔法哲学批判〉的思想史地位》，载《河北学刊》2012年第1期。

重点不是英国式的"社会",即以交换为基础的社会关系,而是德国式的"市民",即拥有特殊政治权利的个人。正是从这样的个人出发,马克思才会说国家是从家庭成员和市民社会成员这样的群体中产生的。①

那么,马克思又是如何一步步深入市民社会的呢?回顾此前,在《莱茵报》时期,物质利益问题让马克思头脑中的理性主义思想受到冲击。而后,他转向黑格尔法哲学批判,再之后进入政治经济学领域的研究。可见,这里存在两次研究领域的转向问题:第一是马克思在遭遇物质利益问题之后转向黑格尔法哲学的批判,并且主要集中于国家观的批判;第二是在经由黑格尔法哲学批判之后,转向了政治经济学领域的研究。这里面对的问题是第二个转向,即关涉马克思如何经由黑格尔法哲学批判走向政治经济学的批判,也即此后的政治经济学转向如何必然地先经过对黑格尔法哲学的批判的问题。邹诗鹏深刻地提出了这一问题:"马克思对市民社会的政治及法哲学层面的探讨与政治经济学批判层

---

① 唐正东:《正确评价〈黑格尔法哲学批判〉的思想史地位》,载《河北学刊》2012年第1期。

面的探讨的关系"①,要回答这个问题,就要首先回答马克思是如何深入市民社会内部并得到了如何的结论。在此基础上,才可以讨论此时的"市民社会决定国家"这一命题与历史唯物主义有多远、有何差别的问题,也可以很明晰地揭示文中人本主义词句的表象所掩盖的真正思想内涵。

学者唐爱军认为"市民社会决定国家"显然不能等同于唯物史观经典表述,马克思之所以能创建唯物史观,不仅仅在于哲学唯物主义原则的确立,更在于通过政治经济学批判充实的唯物史观的坚实大厦。而《德法年鉴》时期的法哲学批判为他从事经济学研究和政治经济学批判提供了内在前提和基础。马克思通过对黑格尔法哲学政治批判直接触及德国的"当代现实",马克思接受了黑格尔的市民社会概念,同时发现了法哲学和政治批判的限度,进一步明确了从政治经济学角度剖析市民社会的必要性,实现了从国家到市民社会的转移。但在《论犹太人问题》《〈黑格尔法哲学批判〉导言》中仍然是囿于法哲学框架批判市民社会的,仍然是在资产阶级

---

① 邹诗鹏:《激进政治的兴起:马克思早期政治与法哲学批判手稿的当代解读》,复旦大学出版社2012年版,第192页。

法权意义上来论及金钱本质和私有产权的,对于无产阶级概念,几乎是在黑格尔"普遍等级"意义即政治意义上使用的。①

学者韩立新和唐正东从其内涵与黑格尔思想的承继关系上做出论证,指出马克思对全面批判黑格尔的薄弱之处,并从该角度回答了为什么马克思在批判了黑格尔的国家学说之后,进入了政治经济学领域的研究。韩立新指出,在黑格尔哲学中,市民社会概念的本质是经济学意义上的,受到以斯密为代表的国民经济学的深刻影响。主要表现在两点:斯密的劳动学说是近代市民社会学说的基础和构成原理;建立在分工理论上的,斯密论述了个体相互结合的社会组织原理,论述了社会是人通过交换活动以及劳动而互相满足需要的体系。黑格尔在此基础上,进一步指出市民社会自身并不能达到自由体系,并引入在市民社会之中又在其上的理想国家,作为限制特殊性的普遍性因素,解决或避免市民社会内部的矛盾和冲突。黑格尔认为国家最终可以调节市民社会中的物质利益冲突,实现市民社会与国

---

① 唐爱军:《〈黑格尔法哲学批判〉导读》,中共中央党校出版社2018年版,第119—121页。

家的同一。而马克思则认为市民社会与国家的分裂是一个根本无法回避的严酷现实,二者的对立是无法解决的"二律背反",黑格尔的愿望只能是无法实现的"国家的幻想"。那么,马克思为什么会认为二者的对立是无法解决的"二律背反"的问题?传统的解释是,这是由马克思在《莱茵报》时期的政治实践所致。在《莱茵报》时期,马克思亲身体会到了普鲁士王国对出版自由的限制和官僚在林木盗窃法案问题上的冷酷无情,这些事实使他认识到,被黑格尔设想为理性国家的普鲁士王国不仅无法解决市民社会的现实矛盾,而且根本配不上理性国家的名誉,因此,市民社会不可能像黑格尔所想象的那样可以简单地被国家所扬弃。这一解释固然没错,但是它只说明了马克思反对二者统一的现实理由,而没有说明其理论逻辑。马克思之所以坚持国家和市民社会的分离,根本上是由黑格尔市民社会概念的本性所致。黑格尔的市民社会本质上是一个以私人利益为核心的经济学范畴,它与代表普遍利益的政治国家具有异质性。正是因为如此,虽然黑格尔出于其客观唯心主义的逻辑和拥护立宪君主制的政治立场,为市民社会上升为国家煞费苦心,设定了陶冶、福利行政、同业公会、地方自治体、等级制国会、官僚政治等种种中间环节，但就是无法使市民社会真正消融于国家之中。究其原因，是市民社会与国家具有异质性，对于国家而言，市民社会在内容上或在质料上具有不可消解性。马克思在《批判》手稿中虽然没有专门研究市民社会，但从他对黑格尔的批判来看，他显然是接受了黑格尔关于市民社会的经济规定，并深刻地体会到了这一异质性的意义，否则他是不会比黑格尔还坚持市民社会与国家的分离的，而这一点使得马克思追问这一异质性的根源，并意识到这一根源在于市民社会。由于市民社会与国家的二分是经济与政治的二分，要揭示市民社会的结构就必须从国民经济学角度去研究，这为马克思发现作为唯物史观基础的"物质的经济关系"起到了决定性作用。同时，它使马克思将研究的重心从国家转向市民社会，并意识到依靠国家不可能解决市民社会的内在矛盾，而只有依靠市民社会本身的物质力量。马克思接受了黑格尔市民社会的概念，因此更坚持市民社会与政治国家的分离，他对黑格尔的批判主要是两点：第一，高度肯定黑格尔把握住了国家和市民社会合集的分离这一近代社会的根本特征;第二,严厉批判了黑格尔试图扬弃国家和市民社会对立的折中主义。这两点都是由于马克思的市民社会的认识还笼罩于黑格尔的国家观之下,从而面对政治异化问题,马克思还只能从改变政治国家制度的角度去解决。但是同时马克思也已经认识到市民社会中的经济利益关系,对政治国家的不满足,以及对经济关系的意识,使得马克思随后进入国民经济学研究。①

学者唐正东则指出,马克思对市民社会的理解,还没有达到黑格尔在《法哲学原理》中的理解水平:人与个人之间的交换关系。而马克思把现代市民社会中等级的形成理解为任意的,从而马克思所说的"市民社会决定政治国家"的含义,就是因为市民社会中有多少不同的等级,就应当有多少种不同的立法权。因此,马克思只是看到了不同的等级或阶级的存在,而尚未注意到阶级关系的存在及其意义;只看到了不同的等级或阶级直接拥有立法权的事实,但尚未看到市民社会中阶级关系的属性对包括立法权在内的整个上层建筑的特性的决定作

---

① 韩立新:《从国家到市民社会:马克思思想的重要转变——以马克思〈黑格尔法哲学批判〉为研究中心》,载《河北学刊》2009年第1期。

用。因此，远没有达到历史唯物主义的高度，而只是持有一般意义上的哲学唯物主义立场。从经验事实出发，却对经验事实研究不足，使得此时的马克思无法真正驳倒黑格尔的历史唯心主义基础上的法哲学，便促使他随后深入到现实市民社会及政治经济学研究中。①

如果说马克思继承了黑格尔的市民社会概念，那么黑格尔的市民社会与国家观的具体关系对于马克思解决其所面对的德国问题来说有何特殊之处？学者程广云指出，市民社会理论是黑格尔法哲学的基本成就，所谓"市民社会"是指"各个成员作为独立的单个人的联合"，即"在形式普遍性中的联合"，通过"成员的需要""保障人身和财产的法律制度"以及"维护他们特殊利益和公共利益的外部秩序"建立起来。② 它同样有三个环节：需要的体系、司法、警察和同业公会。这几个环节都需要法律来维护。它有两个原则：其一，特殊的人即个人

---

① 唐正东：《正确评价〈黑格尔法哲学批判〉的思想史地位》，载《河北学刊》2012年第1期。
② ［德］黑格尔：《法哲学原理》，范扬、张企泰译，商务印书馆1961年版，第174页。

是目的；其二，人们为满足需要而联结起来。在市民社会中，每个人都是以自身为目的，其他人都是手段。因此，市民社会是"个人私利的战场""一切人反对一切人的战场"，是"私人利益跟特殊公共事务冲突的舞台"，以及"它们二者共同跟国家的最高观点和制度冲突的舞台"①。然而，特殊目的通过同他人的关系就取得了普遍形式。这样市民社会就成为特殊性与普遍性中介的基地。因为市民社会中具有独立人格的个人之间是相互联系的，因而形成了一系列相互依赖的制度。这也就是黑格尔所说的"外部的国家，即需要和理智的国家"②。国家理论是黑格尔法哲学的最高成就。所谓"国家"是指"当前的、发展成为世界的现实形态和组织的地上的精神"③。它同样有三个环节：国家法、国际法、世界历史。西方政治思想中的国家理论大致可以分为两种类型：一种国家理论认为国家是"善"甚至

---

① ［德］黑格尔：《法哲学原理》，范扬、张企泰译，商务印书馆1961年版，第309页。
② ［德］黑格尔：《法哲学原理》，范扬、张企泰译，商务印书馆1961年版，第198页。
③ ［德］黑格尔：《法哲学原理》，范扬、张企泰译，商务印书馆1961年版，第271页

是"至善"。古希腊柏拉图和亚里士多德的伦理政治观（即将城邦既看成政治共同体又看成伦理共同体）、古罗马西塞罗的混合政体论、16世纪法国布丹的国家主权说，都是这一类型。另外一种国家理论认为国家是"恶"但却是"必要的恶"。古罗马奥古斯丁的神学政治观（即划分"上帝之城"和"世人之城"），16世纪英国霍布斯的"利维坦"、洛克的有限政府论，18世纪法国孟德斯鸠的三权分立说、卢梭的人民主权说，都是这一类型。黑格尔的国家哲学是19世纪普鲁士国家主义的典型代表，属于第一种类型。黑格尔的国家主义所针对的主要是英法自由主义，但也包括康德批判哲学。在他看来，自由主义的经验主义哲学基础是"没有形式的内容"，而康德批判哲学则是"没有内容的形式"。至于自由主义的个人主义哲学基础高扬"我思"（"自我意识"），则只知道个人的单主体性，不知道人们之间相互联系的互主体性。黑格尔用整体主义来反对个人主义，在《法哲学原理》中特别强调"机体"观念。他还没有充分发现市民社会的自组织性，因而寄全部希望于国家组织社会。因此，在他看来，相比于国家，个人微不足道。现实国家无论具有何种缺陷，国家理念作为"地上的神"依然行进，就像一个活人无论具有何种缺陷（如罪恶、疾病、残废等），生命依然绵延一样。近代市民社会概念存在两个谱系：一个是"作为政治社会的市民社会"，以16世纪英国霍布斯、洛克和18世纪德国康德等人为代表，强调市民社会的政治属性；另一个则是"作为经济社会的市民社会"，以18世纪英国弗格森和斯密等人为代表，强调市民社会的经济内涵。黑格尔和马克思的市民社会概念所注重的都是它的经济内涵，属于"作为经济社会的市民社会"的谱系。但是，黑格尔将市民社会作为家庭和国家之间的中介，还包括了司法和警察；而马克思则将家庭纳入市民社会，并将司法和警察划入国家。这样，市民社会就变成了完全与政治国家（公共生活领域）相对应的纯粹的私人生活领域。不仅如此，马克思从历史发展角度来考察市民社会与政治国家的分离，将等级有无政治意义作为市民社会与政治国家分离的重要标志。也就是说，在市民社会与政治国家分离完成的社会中，市民社会中的等级差别只体现了社会差别。马克思的市民社会概念为他的进一步研究和批判奠定了基础。在政治哲学意义上，最根本、最重要的是：黑格尔是国家主义者，马克思是社会主义者。通过批判黑格尔，马克思首先转向作为政治国家基础的市民社会，亦即转向作为资产阶级上层建筑之基础的资本主义经济基础（生产方式），进而转向作为市民社会基础的无产劳动阶级。因此，《批判》正是马克思思想转向的第一座里程碑。这一转向进一步决定马克思从政治解放转向人的解放，从政治革命转向社会革命。

学者邹诗鹏认为，从总体上来看，马克思对市民社会的批判还是一种外部的批判，黑格尔法哲学批判时期所遵循的还是一种一般的唯物主义原则，并不足以使马克思深入与资本主义同构意义上的市民社会当中去。在《批判》中，马克思对市民社会主要是"要揭示市民社会与私有等级的关联，并为进一步揭示近代市民社会与资产阶级的本质联系铺平道路。同时展开的政治批判，即使得马克思明确意识到近代市民社会与资产阶级的同构性乃至于同一性"①。这里，邹诗鹏指出了马克思由黑格尔进入

---

① 邹诗鹏：《激进政治的兴起：马克思早期政治与法哲学批判手稿的当代解读》，复旦大学出版社2012年版，第192页。

市民社会的切入口:"私人等级"。

这一部分是在马克思对黑格尔内部国家制度批判的最后一部分逐渐展开的。邹诗鹏进行了详尽的分析。首先,黑格尔认为官僚机构是普遍性的代表,而公众意见是盲目散乱的经验性,只有依赖"等级要素"把自在的经验转变为自为的普遍性。马克思批判了这种颠倒内容与形式的做法,指出等级是市民社会的非现实性。其次,黑格尔希望通过等级来完成市民社会与国家的合题。这里的等级是指市民社会中的私人等级,私人等级又划分为"实体性的关系"与"建立在特殊需要和以这些需要为中介的劳动上",黑格尔强调私人等级是特殊利益的代表,是非政治等级,不具有政治意义,这种私人的主观领域必须最终受制于普遍性的约束,即国家政治。进入国家政体的等级要素则代表着市民社会中的等级差别变成了政治差别。马克思指出,黑格尔无视市民社会去确定政治差别,而实际上,政治差别的来源却在于私人等级,私人等级的秘密则在于市民社会。再次,马克思继续深入等级,指出相比于中世纪,现代社会把人变成真正的"私人","私人"的生产和生活状况被排挤在等级差别的边缘上，单个人的存在被分裂为市民社会的主体与等级差别的主体，即人的二重化。而黑格尔则使市民社会直接隶属于政治社会，完全撇开了市民社会中的现实矛盾。那么，作为被黑格尔力图论证为合题的国家也就不复存在了，它不再能够代表市民社会与普遍性的现实的统一，反而是市民社会二重化了的映照，本身就充满了矛盾。[①]

可见，马克思从国家观批判开始逐步揭开黑格尔的神秘主义外衣，不断深入黑格尔法哲学内部。由之前学者们的分析可以看出，马克思对市民社会的理解，在经济学关系上并没有超越黑格尔，但同时带有其个人思想的鲜明特色，这与马克思进入市民社会的批判路径有关。第一，在逻辑上，马克思揭示了国家与市民社会不可消解的对立性，破除了国家的神秘性；第二，在对现实政治生活的制度批判中，揭示了国家与市民社会聚焦于等级上的矛盾；第三，国家与市民社会的对立转化为政治等级与私人等级、政治差别与私人差别之间的对立，重新确认了私人等级即市民社会的现实性；第四，在

---

① 邹诗鹏：《激进政治的兴起：马克思早期政治与法哲学批判手稿的当代解读》，复旦大学出版社2012年版，第142—161页。

私人等级的现实性被确认之后，得出了两点结论：触及私人等级背后的私有财产问题，肯定私有财产对国家的决定意义，初步指出"人民"及其劳动为整个社会所依赖的地位（可见马克思论证"不是国家创造人民，而是人民创造国家制度"并不是费尔巴哈方法的简单应用），以及指出了"人的二重化"存在。因此，在经过黑格尔法哲学批判之后，马克思进入对私有财产进行说明的政治经济学的研究，同时从人的存在方式上关注私有财产的运动，也为彻底批判费尔巴哈创造了新的理论基础。

在国家与市民社会的关系上，马克思突破了黑格尔的神秘主义框架，而在对市民社会的内涵的理解上，马克思还并没有超越黑格尔。第一，黑格尔在论述国家与市民社会之间关系时，以市民社会为出发点的论述，有很多依赖于经济关系，这一点未进入马克思的批判中，如论述二者作为权利与义务的双方，黑格尔专门论述了"金钱关系"等。第二，黑格尔肯定市民社会是一种"需要的体系"，被马克思接受而没有研究。第三，马克思还没有把市民社会本身理解为一个"矛盾体"，这一点关涉"市民社会决定国家"是否能与"经济基础决定上层建筑"等同的问题。从段忠桥的文章中可以看到,"市民社会"与"经济基础"在基本所指上的差异,在对"现实的人"的理解上、对"市民社会"内涵的认知上学者们还指出此时马克思还没有达到历史唯物主义的高度。此外,在马克思自身的逻辑进程上也可以发现此时所要解决的问题与历史唯物主义所面对的问题还远没有处在同一个逻辑层面上。对于此时的马克思来说,理性国家的非现实性,是他亟待破解的问题,由此"市民社会"是他从黑格尔框架下接受的对人民生活所概括出来的一个范畴。通过批判,理性国家与市民社会的抽象统一变成了实存的对立,从而,现存国家与市民社会的对立也被揭示出来,而这种对立还是一种外部的对立,二者的依赖关系还没有为马克思所发现。而在历史唯物主义"经济基础决定上层建筑"的命题中,二者首先必要的是处于同一矛盾中,国家作为上层建筑的应有之义被二次构建出来。可见,不仅从市民社会与经济基础的内涵上来说,市民社会还没有深入到经济关系的层面,同时,在其所必要的逻辑环节上,二者并不能够相提并论。

除却思想史的研究思路,《批判》的思想资源还不断被聚焦在市民社会问题上。如杨学功所言：马克思通过对黑格尔法哲学的批判所接触到的市民社会与国家的关系问题，包含着社会结构理论的天才萌芽。区别于传统社会中国家与社会同构的结构模式，现代社会的结构特点是市民社会与国家的分离，或市民社会从政治国家中独立出来，获得自身的自主性，市民社会标志着社会的私人领域，而国家则属于社会的公共领域，伴随着现代性的凯歌行进，"国家与市民社会"作为透视当代中国社会转型的分析框架，仍然显示出强大的理论活力。①

（三）国家观批判

在批判黑格尔法哲学的过程当中，马克思从国家的逻辑学规定，到国家内部制度，不断剥除着黑格尔国家理性的神秘外壳，批判了黑格尔为普鲁士官僚制度和君主制所做的辩护，阐述了自己的国家理念。

国家问题之重要与德国时局密切相关。与契约论者相比较，黑格尔反对从市民社会的原则引出作为目的终点的国家，从而保障了伦理的绝对性；与康德相比，克服了实践理性自由的抽象性，市民社

---

① 杨学功：《马克思〈黑格尔法哲学批判〉研究读本》，中央编译出版社2017年版，第220—221页。

会中的个人利益在国家中获得普遍的具体的现实性。在此意义上，黑格尔强调市民社会与国家的分裂。① 1840 年威廉四世登基之后，普鲁士当局开始全面推行反动的旧制度复辟政策，力求把普鲁士改造成基督教专制国家，把政治原则与基督教原则合二为一，这直接酿成了德国史无前例的不自由状况。谢林、施塔尔、萨维尼、卡尔·亨利希·海尔梅斯等普鲁士哲学家，无一例外地站出来捍卫威廉四世思想和举措，萨维尼甚至以修法大臣的身份着手把基督教国家观落实到具体的立法条文中。作为回应，德国激进思想运动风起云涌，其中的代表人物（主要是青年黑格尔派）先是从各个角度驳斥宗教哲学，揭露宗教，特别是基督教的隐秘，而由于基督教国家观把宗教事务和国家事务内在联系起来，宗教批判遂成为政治批判的先导和铺垫，它同时直接具有政治批判的意义和潜力。马克思公开参与德国方兴未艾的激进运动时，这场运动的批判对象正处于转换过程中，宗教批判基本已经结束，国家问题逐渐发展为焦点。既然马克思的黑格尔法哲

---

① 仰海峰：《国家：自由与伦理的现实体现——读黑格尔〈法哲学原理〉》，载《福建论坛》2005 年第 5 期。

学批判必须联系德国的特点来选定切入点,而鉴于德国国家制度的现状表现了旧制度的完成,德国国家理论的现状表现了现代国家的机体本身的缺陷。马克思从国家问题切入,就可以水到渠成地考察旧制度元素和现代元素在当时德国的杂糅和矛盾。①学者对马克思国家观的研究路向大致可以分为历史唯物主义对比研究和政治哲学两个视角。

1.历史唯物主义视角

一部分学者通过此时马克思的国家主张的立场与历史唯物主义相对照来解读。拉宾认为,马克思对"物质国家"与"政治国家"做出了区别,并认为民主制是新社会的制度原则,在这个新社会中,全民利益不仅成为政治国家,而且是国家的真正原则,也就是社会生活及社会制度的原则。拉宾认为这种原则的提法还非常抽象,但是明显接近共产主义理想,而不能将之解读为(资产阶级的)个人利益原则。②

---

① 姚远:《解读青年马克思的黑格尔法哲学批判》,法律出版社2016年版,第170—173页。
② [苏]尼·拉宾:《马克思的青年时代》,南京大学外文系俄罗斯语言文学教研室翻译组译,生活·读书·新知三联书店1982年版,第167页。

与拉宾类似，费多谢耶夫指出，马克思所说的民主制就是人民自决，人重新成为政治机构的主人，而不是相反，这样国家成为"人民的特殊存在形式"，马克思引用当时空想社会主义者的话指出"在真正的民主制中政治国家就消失了"，这源于马克思对现实的人民权利的追求，因此马克思接近了共产主义。①

《马克思主义哲学史》一书指出马克思在批判黑格尔的神秘主义之后，通过君主制和民主制的对比，提出了自己对未来理想制度的设想。马克思认为真正的民主制是人民的制度，它直接产生于人民，因而不需要中介机构，国家是全体利益的代表。据此他还提出了一些具体的政治要求，如立法权的主要任务。这构成了他走向共产主义和历史唯物主义转变的基点。马克思力图揭示政治国家同市民社会的异化，就是要确立人在一切活动领域内的自由原则。马克思批判了黑格尔颂扬君主制而反对人民，以君主主权来混淆和冒充人民主权的观点。君主制只是政治制度的特殊形式，因为其中政治的

---

① ［苏］彼·费多谢耶夫等：《卡尔·马克思》，孙家衡等译，生活·读书·新知三联书店1980年版，第41页。

人同非政治的私人相分裂，它们具有自身的特殊存在。而民主制度中，国家、法律都是人民的自我规定，从而民主制就是真正的政治国家。私有制基础上的国家只是形式上的国家，而只有代表全民利益的国家才称为真正政治国家，这种国家意味着整个社会生活和社会制度经过了改造。由于一切公民都是国家的直接部分，自觉参加国家事务，所以不再需要代表。马克思从理论上论证民主制，是想通过它实现真正的国家，即实现作为社会存在物的人的自由，实现人的最高现实性。在人民中，在人民自我意识的意志中，揭示合乎规律的历史过程的推动力。①

学者陈先达注重马克思这一时期对国家观理论批判的不断推进，强调了此时费尔巴哈人本主义的影响。在《莱茵报》时期，马克思还是一种理性国家观，对国家做了"人性国家"和"非人性国家"的区分，认为人性的国家就是能够实现理性自由的国家。在黑格尔法哲学批判时期，马克思注重研究了财产关系和政治与国家形式等许多资料，他此时

---

① 黄楠森、庄福龄、林利主编：《马克思主义哲学史》第1卷，北京出版社1991年版，第165—168页。

已经开始转向费尔巴哈的人本主义，指出人才是一切政治组织的本质，用人的现实存在来重新解释国家、家庭和市民社会，批判把他们看成纯思辨的范畴的逻辑体系。①

学者李淑珍也关注了马克思在国家批判中呈现出来的思想史联系，认为从"市民社会决定国家"的思想提出的用意来看，与唯物史观基本原理相比较而言，这只能被看作"发端和萌芽"，而不是原理本身。该文主要从这一思想所批判的对象角度出发，指出马克思并不反对国家是普遍利益领域、理性是国家本质，他所反对的仅仅是用绝对理念论证的黑格尔的"国家"以及现实资产阶级国家所具有的脱离家庭和市民社会成员的抽象普遍性。马克思肯定了黑格尔对政治国家和市民社会之间矛盾对立的揭示，并进一步要求把抽象的政治生活变为人民的现实生活，要求人民的理性国家。②

学者孙伯鍨指出马克思通过分析私有财产和国

---

① 陈先达：《走向历史的深处：马克思历史观研究》，中国人民大学出版社2016年版，第48—55页。
② 李淑珍：《〈黑格尔法哲学批判〉中"市民社会决定国家"的思想》，载《北京大学学报》1987年第3期。

家的关系，得出了"'独立的私有财产'或'真正的私有财产'不仅是'国家制度的支柱'，而且还是'国家制度本身'"的结论，这里所说的国家不是一般意义上的国家，而是指封建国家。这个结论是在分析黑格尔谈到世袭长子继承制时提出的。在封建国家，世袭长子继承权说明了地产成了永恒的"实体"，而长子即人实际上却变成了地产的"偶性"，结果，不是作为家庭之一员的长子继承地产，而是不可转让和分割的地产世代相传地继承长子。从而长子继承权这种似乎是国家规定的政治权力，却变成了世袭领地所固有的政治权利，国家的政治规定成了纯属自然的土地所直接具有的属性。这就说明了私有财产不仅是国家制度的支柱，而且是国家制度本身。所谓"独立的私有财产"，是指私有财产脱离政治国家而独立，国家不再能够支配私有财产，而私有财产却作为独立的实体支配国家。进而在马克思看来，封建国家并不是真正的政治国家，真正的政治国家应该把公共的、普遍的利益置于私有财产和私人利益之上。马克思把罗马国家和德意志国家做了比较，指出"罗马人是独立自主的私有财产的唯理论者，德国人是这种私有财产的神秘主义者"①。在罗马私有财产是被当作一个简单的事实来对待，不是国家的决定因素，所以罗马皇帝的权力不是私有财产的权力，而是具体个人意志本身的主权，这种主权不以私有财产为依据，而是像支配其他一切社会财富一样支配私有财产。在罗马时代，政治的兴废是同私有财产的发展成反比的，私有财产的发展是政治腐败的结果，而并非政治腐败是私有财产发展的结果。马克思主张真正的政治国家不应该是私有财产和私人利益的附属物，而应该是公共的普遍利益的代表者，并且以这种身份使私人利益从属于普遍利益。中世纪的封建国家把私人等级直接变为政治等级，使政治国家直接从属于私人利益，甚至一个世袭领地继承者的个人出身就能直接赋予政治地位和社会权利，而"私有财产的真正基础，即占有，是一个事实，是不可解释的事实，而不是权利。只是由于社会赋予实际占有以法律的规定，实际占有才具有合法占有的性质，才具有私有财产的性质"②。因此，马克思在批判黑格尔国家学说的过程中，由于力图用唯物主义的观点来

---

① 《马克思恩格斯全集》第1卷，人民出版社1956年版，第378页。
② 《马克思恩格斯全集》第1卷，人民出版社1956年版，第382页。

分析国家和法的问题,一些地方得出了具有发展能力的历史唯物主义的萌芽,但是根本上还是停留在费尔巴哈人本主义范围内。①

马克思政治哲学的内涵在此时是通过其对黑格尔国家观的批判显露的,龚剑飞关注了马克思对黑格尔国家理性的批判的思想理路,指出马克思首先批判了黑格尔的哲学地基,其次揭露了国家理性的反动性和阶级基础,再次批判了黑格尔国家理性的私有制本质。马克思通过黑格尔国家观批判,开始运用唯物主义方法探索国家本质问题,揭露黑格尔国家理性虚幻性,更助于正确认识国家的本质,并为其后与青年黑格尔派决裂做了准备。而这些为建立马克思主义国家观奠定了基础。②

2.政治哲学视角

从历史唯物主义的对比研究视角来看,学者们的结论大致相同,即此时还处于从哲学唯物主义向共产主义立场的过渡。有学者主张从政治哲学视角

---

① 孙伯鍨:《探索者道路的探索》,南京大学出版社2002年版,第126—128页。
② 龚剑飞:《马克思对黑格尔国家理性的批判及其重大意义——以〈黑格尔法哲学批判〉为中心》,载《浙江学刊》2010年第4期。

建立新的解读框架，以更全面地反映《批判》中的思想内容。

学者唐爱军指出，《批判》涉及诸多政治思想资源，比如契约论传统、自由主义、保守主义以及社会主义因素等。面对这些错综复杂的政治思想资源，费尔巴哈的主谓颠倒的自然主义方法显然是招架不住的。列宁所说的"两个转变"，即从唯心主义向唯物主义的转变、从革命民主主义向共产主义的转变，实际上是从世界观转变和政治思想转变来考察马克思思想的演变。黑格尔具有超越自由主义的批判思想，当时的自由主义强调个人所有权和个人主义价值观；认为国家政府功能服从于市民社会或市场经济。黑格尔分别批判了市民社会和自由国家，从英国的国民经济学出发，把市民社会规定为独立个人相互交往的社会，强调市民社会的积极意义；同时从霍布斯政治理论出发，把市民社会理解为私利斗争的场所，突出市民社会的内在矛盾和冲突。黑格尔提出"伦理国家"概念以超越市民社会和自由国家，马克思的民主制思想可视为黑格尔"政治共同体"的翻版，马克思的真正不满在于黑格尔以普鲁士君主立宪制的保守方案来代替自由主义。因此，马克思一方面接受了黑格尔的任务，以扬弃市民社会的原子化和内在分裂、重建实质的伦理共同体的同一基本框架，继续批判自由主义并积极寻求代替方案；另一方面放弃了保守主义方案，放弃了在市民社会之外、通过"理性设计"构建一个"普遍国家"的做法。① 而马克思与黑格尔同样以"伦理共同体"为批判市民社会的规范标准。只不过黑格尔的伦理共同体建立在市民社会的彼岸，以古代城邦为标本；而马克思的"自由人联合体"建立在市民社会的此岸，自我对抗、自我矛盾的市民社会蕴含着"自由的力量"。②

学者李淑梅从《批判》对于马克思主义政治哲学的建构角度，指出马克思通过揭露黑格尔法哲学与形而上学逻辑体系的内在联系，使政治哲学从体系化哲学的架构中摆脱出来；初步实现了研究主体由观念向现实行动的人的转变，初步创立了新的政

---

① 唐爱军：《〈黑格尔法哲学批判〉导读》，中央党校出版社2018年版，第105—110页。
② 唐爱军：《青年马克思政治批判主题——兼论〈黑格尔法哲学批判〉的解读视角》，载《东岳论丛》2013年第12期。

治哲学的基本观点和方法。① 王沪宁从方法论视角指出,此时正在形成中的历史唯物主义与辩证唯物主义方法使马克思得以超越之前的政治研究,只有这一方法论才能正确地说明社会、阶级、集团、政治权力以及国家的起源和性质,揭示出社会历史(政治是其中一部分)发展的客观规律。②

学者代建鹏认为学界对《批判》的历史唯物主义角度的研究与政治哲学研究各自为说,不能发现《批判》对于马克思思想形成的思想史意义。因此从创作主旨与理论视域对以上两个研究思路重新做了整合。从其主旨来看,马克思是为了解决自身困惑:《莱茵报》时期的理论困境。因此,费尔巴哈和黑格尔分别作为理论上的启示者、借鉴对象与批判对象进入了马克思的思考之中。在其理论视域上,作者认为与批判的方法相比,批判的内容是马克思思想演变的主要部分。在哲学思考上,其思想变化主要有:从客观理性到主体逻辑;从主体抽象

---

① 李淑梅:《体系化哲学的突破与政治哲学研究方法的转变——马克思〈黑格尔法哲学批判〉再解读》,载《哲学研究》2005 年第 9 期。
② 王沪宁:《〈黑格尔法哲学〉批判和马克思主义政治学》,载《政治学研究》1987 年第 5 期。

观到认识论抽象观;从总体意识到边界意识。伴随哲学视域的演变,政治视域也出现了从特殊利益到私有财产,从人民到等级的变化过程。①作者希望通过对《批判》主旨的回归,重新建立哲学与政治哲学的理论联系,但是对二者思想的内部联系未展开论述。

学者邹诗鹏也突破了从费尔巴哈人本主义立场来看马克思民主主张的框架,从更宏大的历史背景出发,指出马克思是19世纪40年代欧洲激进政治思潮的开创者,这一时期的激进民主主义思想立场,促使他完成了由理性的自由主义向科学社会主义和共产主义过渡的中间阶段。这一时期马克思所面临的历史课题,是让德意志精神服从于英法先进的自由主义及其启蒙精神,使区域历史让位于世界历史。因此这一时期的主题是政治批判,其意义就在于,清理保守主义,防止其走向启蒙的反面,同时为随后的科学社会主义思想打下扎实的理论基础。在马克思看来,黑格尔的法哲学与国家哲学是保守主义的代表,症结在于其政治观念的形而上学

---

① 代建鹏:《〈黑格尔法哲学批判〉的创作主旨与理论视域》,载《山西师范大学学报》2011年第5期。

及观念论性质。① 在此背景下，可以看到马克思在激进民主主义的理念原则下，对政治制度彻底性的关注，因此他的民主制与黑格尔的君主立宪制明显对立，他要求对人的主体性的恢复还没有完全脱离资产阶级自由主义的政治理想，也还带有古典自由主义的痕迹。但是马克思这里做了一个重要的区分，即政治国家和物质国家的区分。物质国家不仅包括马克思后来特别展开论述的社会的物质生产活动和衣食住行等基本生命活动，也指被黑格尔称为抽象的东西，如社会团体以及市民社会等。由此，马克思提出了物质国家的自我发展从而消除政治国家，这与实现民主制是同一个历史过程。② 可见，马克思对民主制的设想，其宗旨始终是回到人的现实生活中去，实现一条自我扬弃的道路，这一思想到了《1844年经济学哲学手稿》中，被明确地表述为"私有财产的自我扬弃"。

学者们对国家观本身的批判展开论证，结合历

---

① 邹诗鹏：《激进政治的兴起：马克思早期政治与法哲学批判手稿的当代解读》，复旦大学出版社2012年版，第13—17页。
② 邹诗鹏：《激进政治的兴起：马克思早期政治与法哲学批判手稿的当代解读》，复旦大学出版社2012年版，第121—126页。

史唯物主义视角与政治批判视角，对《批判》做了双方面的解读。结合第二部分中马克思对市民社会的基本认识，可见马克思发源于《莱茵报》时期的困境在《批判》中得到了进一步展开，即市民社会中现实的个人利益无法在黑格尔的理性国家中得到实现，从而对作为共同体、联合体的国家进行了批判，同时马克思继承了黑格尔为市民社会设立的普遍的、现实自由的伦理理性，而对实现这种伦理理性的方式和为现存政治制度做辩护的保守结论进行了批判。因此，虽然马克思对民主制的论述相对于其后或完整意义上的政治学著作有所差距，但其主要意义是在对黑格尔国家观批判基础上，对现实体矛盾的再次揭露。

黑格尔的国家按照自己的理念分为三种实体：立法权、行政权、王权。立法权规定和确定普遍物的权力；行政权使各个特殊领域、群体、个人从属于普遍物的权力；王权是各种权力统一体，是理念的化身。马克思揭露了黑格尔为每个环节所做的神秘主义的论证，而对于国家理性本身，不能不说也保留了黑格尔国家观当中的积极意义。第一，保留了它作为普遍性的意义，这种普遍性被黑格尔悬置在了空中，而马克思要把它再次复归到大地上，因此从表面来看，马克思对理想制度的描述是抽象的，似乎接受共产主义的一些看法，但是这里的抽象包含着对已经重新被确立为现实的此岸世界的渴求，因此马克思与同时代学者相比更晚也更审慎地建立与共产主义的思想联系。第二，保留了黑格尔对主观性的批判。黑格尔面对的自由主义思潮，让他看到了市民社会领域充满了主观盲目性，人民甚至不知道自己需要什么，而只有从客观的理念重新树立历史的权威，才能保证人的生活的有序以及有效的意义。第三，保留了对理念本身自我能动发展的内在性。马克思始终不同意黑格尔面对活生生的市民社会的时候，把国家规定外在地给予市民社会，从而构造了一种理念自我运动的假象，当市民社会被层层掩盖着的私有财产已经显现的时候，通过市民社会内部矛盾运动解开历史之谜的理路也就呼之欲出了。与其说马克思的民主制是作为一种新政体从而对现实问题的新回应，不如说这是他为自己提出的新问题：市民社会，作为个体自由要求普遍实现的领域，如何解决其自身的私人利益与普遍自由的矛盾问题。因此，马克思接下来的任务就是不断深入市民社会，在市民社会的历史现实中重构自由道路。

（四）费尔巴哈问题

在以上讨论中，可以看到学者们对黑格尔法哲学批判时期费尔巴哈对马克思影响的关注，费尔巴哈究竟在何种意义、何种程度上影响了马克思，是对这一时期思想史研究不可回避的问题。

恩格斯非常重视费尔巴哈对于他及马克思思想的影响，在《路德维希费尔巴哈与德国古典哲学的终结》一书中，不只一次地提到这一思想的碰撞。"这时，费尔巴哈的《基督教的本质》出版了……这部书的解放作用，只有亲身体验过的人才能想象的到。那时大家都很兴奋：我们一时都成为费尔巴哈派了。"[①] 如果据此认为马克思经历了一个"费尔巴哈主义者"的阶段则未免过于草率。恩格斯这里指出的"解放作用"是有所针对的，也即前文"它直截了当地使唯物主义重新登上了王座，这就一下子消除了这个矛盾"，"这个矛盾"则是指上文说的，在现实斗争的需要把大批青年黑格尔分子逼迫

---

① 《路德维希费尔巴哈和德国古典哲学的终结》，中共中央马克思恩格斯列宁斯大林著作编译局，人民出版社2014年版，第14—15页。

到英国和法国唯物主义面前时，动摇了观念和自然界关系的认识，造成原有的黑格尔主义信仰下的冲突，因此经历这种"解放作用"的"费尔巴哈派"，是对费尔巴哈对时下思潮的一个整体影响的描绘，究竟对于马克思来说，他是否在这一思潮中变身为一位严格意义上的"费尔巴哈主义者"还需细致研究。

正如恩格斯所说的，费尔巴哈的影响不容小觑，"在我们的狂飙突进时期，费尔巴哈给我们的影响比黑格尔以后任何其他哲学家都要大"[1]，"他（费尔巴哈）在好些方面是黑格尔哲学和我们的观点之间的中间环节"[2]，针对费尔巴哈对马克思的影响，集中在1842年至1845年马克思彻底批判费尔巴哈之前。在1843年，费尔巴哈的《关于哲学改造的临时纲要》和《未来哲学原理》先后出版，系统地论述了人本学唯物主义的思想，明确主张把被黑格尔哲学颠倒了的思维与存在、主体和客体的关系"颠

---

[1] 《路德维希费尔巴哈和德国古典哲学的终结》，中共中央马克思恩格斯列宁斯大林著作编译局，人民出版社2014年版，第5页。
[2] 《路德维希费尔巴哈和德国古典哲学的终结》，中共中央马克思恩格斯列宁斯大林著作编译局，人民出版社2014年版，第4页。

倒过来"。1843年3月,马克思在给卢格的信中说道:"费尔巴哈的警句只有一点不能使我满意,这就是:他过多地强调自然而过少地强调政治。"① 列宁在《哲学笔记》中说:"马克思在1844年至1847年离开黑格尔走向费尔巴哈,又超过费尔巴哈走向历史(和辩证)唯物主义。"② 虽然《批判》成稿时间在1843年,但是对费尔巴哈对马克思最初的影响解读,却引发了对马克思是否存在一个"费尔巴哈"阶段的问题的不同判定。同时,马克思在批判黑格尔时讨论了"人的本质的实现""固有的质"等,展现了其"现实的人"的立场,厘定费尔巴哈人本学的影响,也将有助于清晰化马克思新的唯物主义立场最初形式的内涵。下面梳理学者们对马克思在黑格尔法哲学批判时期与费尔巴哈哲学的思想联系的讨论。

1. "费尔巴哈阶段"论

"两次转变论"者认为,马克思在摆脱了青年黑格尔派唯心主义之后,转向了费尔巴哈式的一般

---

① 《马克思恩格斯全集》第27卷,人民出版社1972年版,第442—443页。
② 《列宁全集》第55卷,人民出版社1990年版,第293页。

唯物主义和人本主义历史观。在经过"费尔巴哈阶段"之后,从根本上超越了其费尔巴哈哲学立场,创立了唯物史观。

科尔纽倾向于上述观点,认为费尔巴哈对马克思的影响是:费尔巴哈对宗教和唯心主义的批判,以及导源于这种批判的人道主义,使他所面临的问题得到初步解决,并且提供了一个理论基础,使他能够据以进一步发展自己的观点。这一理论基础的建立,使得马克思很快完成了对黑格尔原则性的批判:在这里主词和宾词调换了位置,这种把具体的政治和社会现实变为观念的宾词的"神秘化"方法,使哲学变成了逻辑学的一部分。所以说,马克思在研究国家和社会的相互关系时,就是要解决人的异化问题,是从费尔巴哈出发的。但是费尔巴哈认为只有消灭宗教才能达到人的解放,相反,马克思从人对社会的关系方面来考察人,认为人的异化的原因是以私有制为基础的社会关系。[①]

费多谢耶夫对费尔巴哈的作用描述得比较模糊,似乎更倾向于一种提示性的辅助作用,并不认为这

[①] [法]奥古斯特·科尔纽:《马克思恩格斯传》第1卷,刘丕坤等译,生活·读书·新知三联书店1963年版第538—549页。

就是马克思的"费尔巴哈阶段"。他认为费尔巴哈的"主谓颠倒法"被马克思作为批判黑格尔唯心主义的一般方法论原则。从而,"费尔巴哈对黑格尔观点的批判,帮助了马克思沿着他独立走上的唯物主义道路继续前进"。同时马克思看到了费尔巴哈的弱点,即回避政治。而马克思在接下来对人的社会性的提法上超越了费尔巴哈动物式的人类。① 梅林、麦克莱伦的看法基本一致,都认为马克思主要在社会历史领域弥补了费尔巴哈的不足,同时又超越了费尔巴哈。

学者刘放桐力图从哲学史角度证明费尔巴哈在马克思哲学变革中的中介作用②,但其论证逻辑有两点值得商榷:第一,列宁、恩格斯的评价是否能够被当作自明的前提;第二,费尔巴哈哲学在哲学史上具有重要意义,同时马克思思想和费尔巴哈思想在结果上都展现了对18世纪法国唯物主义的超越性,是否能够就此推论出马克思批判地继承了费尔

---

① [苏]彼·费多谢耶夫等:《卡尔·马克思》,孙家衡等译,生活·读书·新知三联书店1980年版,第39页
② 刘放桐:《马克思哲学变革的特殊背景与费尔巴哈的中介作用》,载《江海学刊》2008年第5期。

巴哈哲学的必然性?

2.对"费尔巴哈阶段"论的反驳

国内大多数的学者不同意马克思存在一个"费尔巴哈阶段"的看法。

学者陈先达指出当时已经开始转向费尔巴哈,接受费尔巴哈唯物主义的人本主义思想影响的马克思,同黑格尔把理念视为国家的内在奥秘相反,提出"人永远是这一切社会组织的本质"的论断,这很显然打上了费尔巴哈人本主义的印记,但与费尔巴哈相比,马克思有一些地方已经超越了他:第一,马克思把家庭、市民社会看成人的存在的社会形式,看成人的社会现实,包含着反对把人看成离开社会的纯自然存在的观点;第二,马克思不是把人看成孤立的个体,"人格脱离了人,自然就是一个抽象,但是人也只有在自己的类存在中,只有作为人们",才能是现实的存在;第三,马克思论述国家职能与人的活动关系,批判黑格尔关于国王世袭制的理论时,对人的社会特质和生理特性问题进行了初步分析。①

---

① 陈先达:《走向历史深处——马克思历史观研究》,中国人民大学出版社2016年版,第56—57页。

另外，陈先达先生针对当时西方学界兴起的把马克思主义进行资本主义人道主义化的思潮，从费尔巴哈对马克思思想影响的角度，重点强调了费尔巴哈在反对宗教、反对思辨哲学的斗争中，以人来代替自我意识，以人的本质来代替神的本质上的积极作用，起到了"桥梁"作用，使马克思吸收了这种战斗的唯物主义的合理内核。同时文章指出，马克思是崇拜费尔巴哈的，但不是一个纯粹的费尔巴哈派。[①]这就能够解释为什么早在1843年马克思就指出费尔巴哈缺乏政治关注，而在有关书信中，又对费尔巴哈给予了高度评价。因此有学者虽然援引诸多马克思书信中对费尔巴哈的高度赞扬的评价，却没有结合马克思当时所处的思想史背景，[②]这种单纯用马克思对费尔巴哈的态度来证明马克思存在"费尔巴哈派"的论据就显得较为薄弱。与此相近的还有学者王东的观点，他强调人的实践才是马克思主义的真正出发点，马克思在1841年引述费尔

---

① 陈先达:《评费尔巴哈在马克思早期思想中的地位和作用》，载《哲学研究》1981年第8期。
② 王金福:《马克思与费尔巴哈关系中的两个事实》，载《哲学研究》1998年第11期。

巴哈口号时，已经试图把人与社会关系联系起来，虽然带有费尔巴哈的遗迹，但实际上是新思想的萌芽。①

黄楠森先生更细致地分析了马克思受费尔巴哈的影响之处，除了"主谓颠倒法"的借用，在市民社会与国家的关系上，马克思更多地用人的本质的二重化来揭示国家与市民社会的异化。如马克思批判中世纪的等级制度，认为国家职能实际上保护的是人的物质的本质，脱离了人的物的属性。马克思把异化与市民社会中的物质活动联系在一起，认为市民社会中人的物质活动成了私人事务，失去了真正人的本质，这预示着马克思将要转入深入分析市民社会，研究作为私有制异化根源的异化劳动。

黄楠森先生更强调了费尔巴哈作为马克思思想进程中的一个影响因素，其在推动马克思向历史唯物主义转变过程中的作用问题。另外，黄楠森还在马克思与费尔巴哈原则性的不同上，指出导致二者涉足不同领域的原因。黄楠森先生看到了费尔巴哈对马克思思想的影响：主要表现在费尔巴哈批判宗

---

① 王东：《从费尔巴哈到马克思还是从马克思到费尔巴哈》，载《人文杂志》1984年第6期。

教及思辨哲学时，在被颠倒了的主客体关系又颠倒过来的方法上，它为马克思批判黑格尔唯心主义的国家观提供了借鉴，对整个黑格尔哲学的改造，也是从重新颠倒主客体关系入手的。另外，费尔巴哈关于神学的秘密是人本学的观点、关于人的本质异化的命题，都影响了马克思。同时也指出，由于二者追求的个人及社会生活目标不同，马克思一开始对费尔巴哈就有所保留，并有所超越。费尔巴哈关注宗教批判，并由于把人与人的关系主要理解为自然关系，得出了宗教是在意识中对人的自然本质的超越。而马克思更关注政治批判，从人生活与其中的社会条件方面看待人本质的歪曲，特别强调私人利益对人与人关系的破坏及其意识中的反映。因此，马克思所说的"现实"，是构成宗教的社会基础方面的内容。①

3. 弱化费尔巴哈问题

除了持有之前学者提到的马克思在起点上超越了费尔巴哈的观点以外，学者赖金良把问题更向前推进了一步，即马克思不仅不曾是"费尔巴哈派"，

---

① 黄楠森、庄福龄、林利主编：《马克思主义哲学史》第1卷，北京出版社1991年版，第142—151页。

而且费尔巴哈也不构成马克思从黑格尔唯心主义向辩证唯物主义和历史唯物主义的"桥梁"。在1843年至1844年，费尔巴哈与马克思之间，只是一种外部的"交叉关系"，二者在从黑格尔重新走向唯心主义的研究领域和研究方法上都是明显不同的。另外，赖金良认为马克思的转向有着内在发展机制，是一个理论联系实际的科学研究过程。并提到1895年马克思在《〈政治经济学批判〉序言》中，根本没有提到费尔巴哈的影响。① 学者俞吾金也注意到了这一点②，得出更加削弱费尔巴哈影响的结

---

① 赖金良：《费尔巴哈哲学不是马克思世界观转变过程的"中间环节"》，载《学术月刊》1986年第9期。
② "马克思简略地回顾了自己的思想发展史：他本来的专业是法律，但他把它排在哲学和历史之后进行研究。1842—1843年，他担任了《莱茵报》的主编，第一次遇到了要对物质利益发表意见的难事。关于林木盗窃和地产析分的讨论、关于自由贸易和保护关税的辩论促使他去研究经济问题。马克思写道：'为了解决使我苦恼的疑问，我写的第一部著作是对黑格尔法哲学的批判性分析……我的研究得出这样一个结果：法的关系正像国家的形式一样，既不能从它们本身来理解，也不能从所谓人类精神的一般发展来理解，相反，它们根源于物质的生活关系，这种物质生活关系的总和，黑格尔按照十八世纪的英国人和法国人的先例，称之为'市民社会'，而对市民社会的解剖应该到政治经济学中去寻求。我在巴黎开始研究政治经济学，后来因基佐先生下令驱逐移居布鲁塞尔，在那里继续进行研究。'"。参见俞吾金：《让马克思从费尔巴哈的阴影中走出来》，载《南京社会科学》1996年第1期。

论：费尔巴哈归根到底是不重要的。同时，俞吾金还指出了马克思思想发展的主要动力：对现实问题的关注、对黑格尔《法哲学》和《精神现象学》的研究以及对国民经济学的探讨。①

陶富源认为过高地与过低地评价费尔巴哈对马克思的影响都是不恰当的，因而试图调和学界从一种极端走向另一种极端的倾向，从恩格斯的相关论述、人的问题作为二者思想的交汇点、人的感性存在到感性活动、人的"类本质"到人的社会本质四个方面展开论述。②但是他似乎混淆了一个问题：费尔巴哈在当时对社会思想解放的重大意义，不代表他必然地成为马克思思想的有机来源。

4.对费尔巴哈产生影响原因的探究

从以上学者的研究可以看出，在费尔巴哈对马克思的影响方面，集中于批判方法、人本主义的立场、异化理论上，而马克思对费尔巴哈的超越则在于，领域上突破了费尔巴哈的哲学与宗教，进入政治生活与市民社会的批判中。而对于缘何会产生这

---

① 俞吾金：《让马克思从费尔巴哈的阴影中走出来》，载《南京社会科学》1996年第1期。
② 陶富源：《青年马克思与费尔巴哈》，载《哲学研究》1990年第3期。

种差异，仍旧是语焉不详。其前提性的问题在于，马克思在何种意义上肯定费尔巴哈呢？

对于费尔巴哈之所以对马克思产生影响的问题，张一兵认为，因为费尔巴哈要求人的本真存在的人本主义逻辑与青年马克思原来对人类主体地位的关注的理论深层相合，因此，这催生了马克思在观察社会历史时的人本主义逻辑。①

在这一点上，学者邹诗鹏与之看法有相同之处。邹诗鹏认为马克思之所以认为只有费尔巴哈的哲学人类学才能深刻批判国民政治经济学（集中体现在《1844年经济学哲学手稿》中），是因为"马克思实质上是借费尔巴哈而肯定哲学人类学，哲学人类学的实质不外乎是马克思毕其一生关注的人类解放问题，不仅是青年马克思的主体，更是《资本论》的潜在的伟大主题"②。

学者吴晓明重新回到费尔巴哈哲学在时代中的意义，他指出，费尔巴哈对黑格尔的批判起点是

---

① 张一兵：《马克思历史辩证法的主体向度》，武汉大学出版社2010年版，第43—44页。
② 邹诗鹏：《激进政治的兴起：马克思早期政治与法哲学批判手稿的当代解读》，复旦大学出版社2012年版，第12页。

回到人的现实性上,而对于什么是人的现实性,费尔巴哈指出,作为与动物的区别,人具有对自己的类、类本质的认识,这种认识在生活中即体现为意志与爱,虽然费尔巴哈最终又回到了西方传统形而上学的窠臼中去了,但是他的划时代性在于,他极力要反对的要离开的是黑格尔的哲学土壤,避免人本身被重新概念化,由此他强调人的感性存在,认为感性是第一性的东西。而马克思也正是在这个意义上肯定费尔巴哈。从马克思思想发展进程中看,他此前正面临着"物质利益"问题所带来的思想危机,单纯理性的世界观很少能够直接面对物质利益问题做出实质性的判断,在问题的解决上又是完全无能为力的,因此他的危机至少体现在以下两点上:第一,马克思面临着哲学立足点的变革问题;第二,物质利益问题所引发的世界观危机,使得他不能够越过黑格尔哲学而进入地产分析之类的问题。但为其提供这一哲学立场的正是费尔巴哈。①

另外,王东、林锋承认费尔巴哈对马克思一定程度上的影响,但进一步分析了这种影响程度之所

---

① 吴晓明:《超感性世界的神话学及其末路:马克思存在论革命的当代阐释》,中国人民大学出版社2011年版,第137—143页。

以有限的原因，重点在于马克思对黑格尔辩证法的批判性继承，使得马克思不可能站到费尔巴哈的立场上，而是更加深入现实事物自身寻找发展动力，例如其在《1844年经济学哲学手稿》中运用于考察人类历史即人类劳动史的否定之否定的辩证发展过程。①

由此可以看到，1843年的马克思被认为经历了一个"费尔巴哈阶段"是缺乏合理论据的。首先，马克思对费尔巴哈的高度肯定，与作为被肯定的对象的费尔巴哈哲学内在地构成马克思思想的起点或内在环节，二者有着原则性区别，不能等同。其次，马克思之所以高度赞扬费尔巴哈，一是由于费尔巴哈的宗教批判对于当时德国思想界具有极大的理论解放作用，是政治解放的思想先锋；二是费尔巴哈率先从理论上进行了对黑格尔整个哲学的批判。然而，马克思的现实关切使得他在哲学起点上就与费尔巴哈的直观唯物主义不同。而之所以造成"费尔巴哈阶段"的表象，则是由于在共同面对黑格尔的国家主义保守哲学以及相应的落后政治统治

---

① 王东、林锋：《马克思哲学存在一个"费尔巴哈阶段"吗——"两次转变论"质疑》，载《学术月刊》2007年第4期。

的德国现实时，在重新恢复"现实的人"的主体性上，二者具有相同的动机与论战对象。

在黑格尔法哲学批判时期，马克思带着其在《莱茵报》时期初次遭遇的现实利益问题，进入了对黑格尔国家哲学的批判。学界对这一时期的研究成果主要集中于哲学观的转变、"市民社会决定国家"的意义、国家观的内涵以及与费尔巴哈的思想联系问题。从《批判》的关键命题"市民社会决定国家"的深入分析中，可以看到此时马克思对从黑格尔那里承继来的"市民社会"范畴以及相应的社会现实的认识深度，从而发现马克思的主要理论推进在于重新颠倒了市民社会与国家之间的关系问题，也在同一过程中，批判了黑格尔的理性主义国家观的观念性质及其泛逻辑的神秘主义方法，打开了通往真实社会存在的切入口：市民社会及其包含的等级与私有财产。这一时期是马克思思想从理性主义向历史唯物主义的转向时期，厘清此阶段的思想进程才能更好地解读马克思之后的政治经济学转向及其理论进展。

参考文献

1.《马克思恩格斯全集》第1卷,人民出版社1995年版。
2.《马克思恩格斯全集》第3卷,人民出版社2002年版。
3.《马克思恩格斯全集》第27卷,人民出版社1972年版。
4.《马克思恩格斯选集》第1卷,人民出版社2012年版。
5.《马克思恩格斯选集》第2卷,人民出版社2012年版。
6.《列宁全集》第55卷,人民出版社1990年版。
7.《路德维希费尔巴哈和德国古典哲学的终结》,中共中央马克思恩格斯列宁斯大林著作编译局,人民出版社2014年版。
8.[德]黑格尔:《法哲学原理》,范扬等译,商务印书馆1961年版。
9.[法]奥古斯特·科尔纽:《马克思恩格斯传》第1卷,刘丕坤等译,生活·读书·新知三联书店1963年版。
10.[苏]彼·费多谢耶夫等:《卡尔·马克思》,孙家衡等译,生活·读书·新知三联书店1980年版。
11.[苏]尼·拉宾:《马克思的青年时代》,南京大学外文系俄罗斯语言文学教研室翻译组译,生活·读书·新知三联书店1982年版。
12.[英]麦克莱伦:《马克思传》,王珍译,中国人民大学出版社2006年版。
13. 黄楠森、庄福龄、林利主编:《马克思主义哲学史》第1卷,北京出版社1991年版。
14. 孙伯鍨:《探索者道路的探索》,南京大学出版社2002年版。
15. 张一兵:《马克思历史辩证法的主体向度》,武汉大学出版社2010年版。
16. 吴晓明:《超感性世界的神话学及其末路:马克思存在论革命的当代阐释》,中国人民大学出版社2011年版。
17. 邹诗鹏:《激进政治的兴起:马克思早期政治与法哲学批判手稿的当代解读》,复旦大学出版社2012年版。

18. 张一兵：《回到马克思：经济学语境中的哲学话语》，江苏人民出版社2013年版。

19. 陈先达：《走向历史的深处：马克思历史观研究》，中国人民大学出版社2016年版。

20. 姚远：《解读青年马克思的黑格尔法哲学批判》，法律出版社2016年版。

21. 杨学功：《马克思〈黑格尔法哲学批判〉研究读本》，中央编译出版社2017年版。

22. 唐爱军：《〈黑格尔法哲学批判〉导读》，中共中央党校出版社2018年版。

23. 陈先达：《评费尔巴哈在马克思早期思想中的地位和作用》，载《哲学研究》1981年第8期。

24. 王东：《从费尔巴哈到马克思还是从马克思到费尔巴哈》，载《人文杂志》1984年第6期。

25. 赖金良：《费尔巴哈哲学不是马克思世界观转变过程的"中间环节"》，载《学术月刊》1986年第9期。

26. 李淑珍：《〈黑格尔法哲学批判〉中"市民社会决定国家"的思想》，载《北京大学学报》1987年第3期。

27. 陶富源：《青年马克思与费尔巴哈》，载《哲学研究》1990年第3期。

28. 张一兵：《"市民社会"与"人"：一个共时性与历史性向度中的逻辑悖结——读马克思〈黑格尔法哲学批判〉》，载《江汉论坛》1994年第5期。

29. 俞吾金：《让马克思从费尔巴哈的阴影中走出来》，载《南京社会科学》1996年第1期。

30. 王金福：《马克思与费尔巴哈关系中的两个事实》，载《哲学研究》1998年第11期。

31. 仰海峰：《国家：自由与伦理的现实体现 读黑格尔〈法哲学原理〉》，载《福建论坛》2005年第5期。

32. 李淑梅:《体系化哲学的突破与政治哲学研究方法的转变——马克思〈黑格尔法哲学批判〉再解读》,载《哲学研究》2005年第9期。

33. 王东、林锋:《马克思哲学创新的重要铺垫——重新评价〈黑格尔法哲学批判〉的历史地位》,载《新视野》2006年第1期。

34. 王东、林锋:《马克思哲学存在一个"费尔巴哈阶段"吗——"两次转变论"质疑》,载《学术月刊》2007年第4期。

35. 段忠桥:《马克思对历史唯物主义的最初表述是在〈黑格尔法哲学批判〉还是在〈德法年鉴〉》,载《社会科学研究》2008年第3期。

36. 刘放桐:《马克思哲学变革的特殊背景与费尔巴哈的中介作用》,载《江海学刊》2008年第5期。

37. 韩立新:《从国家到市民社会:马克思思想的重要转变——以马克思〈黑格尔法哲学批判〉为研究中心》,载《河北学刊》2009年第1期。

38. 徐长福:《马克思哲学中的"主谓颠倒"问题》,载《马克思主义与现实》2009年第3期。

39. 龚剑飞:《马克思对黑格尔国家理性的批判及其重大意义——以〈黑格尔法哲学批判〉为中心》,载《浙江学刊》2010年第4期。

40. 代建鹏:《〈黑格尔法哲学批判〉的创作主旨与理论视域》,载《山西师范大学学报》2011年第5期。

41. 唐正东:《正确评价〈黑格尔法哲学批判〉的思想史地位》,载《河北学刊》2012年第1期。

42. 唐爱军:《青年马克思政治批判主题——兼论〈黑格尔法哲学批判〉的解读视角》,载《东岳论丛》2013年第12期。

43. 周嘉昕:《国家、私有财产和主谓颠倒》,载《江苏社会科学》2016年第3期。

44. 任远:《费尔巴哈"主谓颠倒法"对马克思批判黑格尔的意义》,载《烟台大学学报》(哲学社会科学版)2016年第5期。

45. 徐长福:《主词与谓词的辩证——马克思哲学的逻辑基础探索》,载《哲学研究》2017年第5期。